시원스쿨
기초 영단어

시원스쿨 기초 영단어

초판 1쇄 발행 2009년 12월 20일
초판 19쇄 발행 2014년 4월 25일

지은이 | 이시원
펴낸이 | 유성권
편집장 | 조경희
기획 편집 | 안현진, 이미정, 김은혜
마케팅 | 문승훈, 이용주, 박승희
제작 및 관리 | 탁성재, 김성훈, 김인찬, 박혜민
표지 디자인 | All design group ALL
내지 디자인 | 손혜정
사진 | 김대식, 시원스쿨
펴낸곳 | (주)이퍼블릭
출판등록 | 1970년 7월 28일, 제1-170호
주소 | 서울시 양천구 목1동 923-11 범문빌딩, 우 158-051
내용문의 | 02-2653-5131 (409)
구입문의 | 02-2653-5131 (104)
팩스 | 02-2651-6136
ISBN | 978-89-6224-942-2 13740
홈페이지 | www.loginbook.com
카페 | cafe.naver.com/epubliclogin

책값은 뒤표지에 있습니다.

로그인 은 (주)이퍼블릭의 단행본 브랜드입니다.

대한민국 왕초보 누구나 기적처럼 말문이 터지는

시원스쿨 기초 영단어

이시원 지음

로그인

"선생님! 왜 이제야 나타나신 거예요?"

한국에 온지 얼마 안돼 아는 형이 운영하던 어학원의 수업을 메우는 아르바이트를 처음 하였을 때였습니다. 제 강의를 들은 수강생분들이 마치 오랫동안 기다렸던 연인에게 묻는 것 같은 질문을 저에게 던지셨습니다.

"선생님! 도대체 어디 계시다가 왜 이제야 나타나신 거예요?"

그 질문에는 그 동안 잃어버린 시간에 대한 안타까움과 무엇인가를 찾은 기쁨이 섞여 있었습니다. 외국에서 알아주는 일류 대학을 나온 것도 아니며, 스스로 제 강의방식이 특이하다고 생각해 본 적도 없는 저에게 위와 같은 말씀은 참으로 어색하고 당황스러운 동시에, 한편으로 참 기분 좋은 것이었습니다.

"선생님, 우리는 왜 이렇게 배우지 않았죠?"

24세에 조그만 학원에서 땜빵 강사로 시작된 제 강의의 소문은 꼬리에 꼬리를 물었습니다. 어느덧 수십만 명의 영어강사가 있는 한국에서 기업의 CEO분들부터, 정두홍 무술감독, 장나라 씨, 배슬기 씨, 조원석 씨 등 연예계 스타분들의 개인지도 문의가 계속되었습니다. 또한 SBS 공중파 방송에 출연하게 되었고, 제 개인강좌 사이트인 〈시원스쿨〉의 회원만 15만 명을 넘어서게 되었습니다. 토익이나 토플이 아닌 기초영어만 가르치는 인터넷 사이트로서는 실로 엄청난 결과가 아닐 수 없습니다. 강의를 들으시는 많은 분들이 제게 질문을 하셨습니다.

"선생님, 우리는 왜 이렇게 배우지 않았을까요?"

그럴 때마다 저는 우스개 소리로 대답하였습니다.

"학원은 돈을 벌어야 하는데 이렇게 가르치면 너무 단기간에 공부가 끝나니까, 학원비 오래오래 내라고 그렇게 배웠던 것 아닐까요?"

"영어는 쉽다"라는 말은 정말 사실입니다.

하지만 가끔 이 말을 하기가 망설여 질 때가 있습니다. 왜냐하면 대한민국 국민의 적어도 90% 이상의 사람들은 제가 하는 말의 반대인 "영어는 원래 어렵다"는 말을 믿고 있으며, 그 믿음이 바위처럼 단단하기 때문이죠. 하지만 저는 분명히 진실을 말씀 드리겠습니다. 영어는 정말로 쉽고, 특히 일반적인 회화를 하고 문장을 만들고, 듣게 되기까지는 훨씬 더 쉽습니다.
제가 이 말을 하면 '당신은 외국에서 살다 왔으니 쉽게 느껴지는 게 당연한 거 아냐?'라고 생각하는 분들이 분명 있을 것입니다. 하지만 강사경력 4년 만에 재계와 연예계 스타들의 개인교습을 하고, 인터넷을 통한 강좌 수강자가 15만 명을 넘긴 정도의 경력을 쌓았다는 것은 분명 제 말에 그만큼 많은 분들이 동의를 해 주셨다는 게 아닐까 생각해 봅니다. 여러분, "영어는 정말 쉽다"라는 것을 믿는 것은 영어공부에 있어 그 무엇보다 중요합니다. 영어가 쉽다고 믿는 순간, 영어는 정복할 수 있는 산이 되고, 건널 수 있는 강이 되며, 마실 수 있는 물이 됩니다.

물론 저를 직접 만나서 수업을 받으시는 많은 분들조차도 처음에는 제가 하는 이 말을 믿지 않으시려고 했기에, 이 책으로 저를 처음 접하신 분들께서 제 말을 신용하는 것은 쉽지 않으리라 생각됩니다. 하지만 제 수강생분들이 그러셨듯이 시간이 흐르고 나면 제 말이 옳았다는 것에 동의하게 되실 것이라고 저는 확신합니다. 여러분은 반드시 영어가 쉬워지실 겁니다. 왜냐하면 이 책은 여러분께 '영어공부의 시작포인트'를 정확하게 짚어줄 것이기 때문입니다.

저자 이시원

: 시원스쿨을 먼저 체험해 보신 분들의 추천평

영어 꼴찌에겐 여기가 천국!

이제 갓 스무 살이 되는 참 지지리도 영어 못하는 학생입니다. 항상 영어는 만년 꼴찌에, 재수를 선택하면서 어느 정도 꼴찌라인에선 벗어났지만 세상은 수능 형식이 아니기 때문에 회화와 영작이 필요했습니다. 처음엔 너무 저렴해서 긴가민가 했는데 이것저것 따질 처지가 아닌지라 눈 딱 감고 들었죠. 헐, 왕초보도 다 끝나지 않았는데 차곡차곡 정리되는 느낌. 이제 말로도 할 수 있습니다! 여긴 천국이 아닌가요? 2개월 동안 무한반복하면 희망은 더 커지겠죠. 넘 감사합니다.

– 강민경 (20세)

6학년 딸아이 영어에 웃음꽃이!

예비 중학생인 딸아이가 있습니다. 싫다는 말 한마디 않고 정말 열심히 학원 다니고, 숙제 한 번 빼먹는 일 없는 아이입니다. 그런데 그 열정과 돈에 비해 실력은 영 나아지지 않아 속상하더군요. 지인으로부터 소개 받아 시원스쿨을 접하게 되었답니다. 강의를 들으며 같이 따라 말하고 웃고, 강의실의 학생들보다도 더 빨리 대답하는 아이를 보면서 어찌나 기특하던지요. 계속 들으면 효과 있을 거란 딸아이의 말에 얼마나 흥분이 되던지! 학원비로 몇백 만원을 날리고, 단돈 5만 원에 그 동안 배운 영어가 정리되는 느낌입니다.

– 구본옥 (예비중 학부모)

반쪽 영어, 드디어 탈출!

제 나이 마흔아홉. 중고등 6년, 대학 4년, 대학원 2년 동안 영어를 하고, 대학에서 타임지(TIME) 서클의 회원으로 3년 활동하여 타임지(TIME)도 술술 읽으면서 직독직해하는 수준입니다. 그러나 영어회화나 작문이 안 돼서, 항상 반쪽 영어만 했던 저이지만, 시원스쿨 강좌를 듣고 서서히 회화와 작문의 틀을 잡아가고 있습니다. 이렇게 쉽게 영어가 나오다니 신비스럽고 놀랍습니다. 2011년에 가족과 함께 유럽 배낭여행을 계획하고 있습니다. 아마 그땐 유창한 영어를 구사하지 않을까요? 회원님들 열공합시다!!! **– 이민두 (49세)**

저, 영어 전공한 여자예요!

시원스쿨은 40대 주부인 저에게 '자신감'이란 커다란 선물을 주었습니다. 처음에는 너무 쉽게 들려서 수준에 맞는 것일까 생각했는데, 하루하루 시간이 갈수록 따라하는 재미가 있고 무엇보다 지겹지 않은 묘한 매력에 끌려 끝까지 하고 또 반복까지 하게 되었습니다. 영어를 전공했음에도 불구하고 회화가 안 돼서 전공했다는 말을 못했던 그 동안의 열등감이 시원스쿨 덕분에 서서히 없어지고 있습니다. 이제는 당당하게 말할 수 있습니다. "나 영어 전공했다"라고요.

– 김미애 (40대 주부)

오늘 마지막날이네요

취업을 준비하는 대학원생이라 오픽(OPic) 점수가 필요했는데, 정말 말 한마디 못하던 제가 시원스쿨에서 배운 대로 말하는 연습을 하고 나니 실력이 많이 늘었습니다. 결국 원하던 점수를 받아 입사지원서도 열심히 쓰고 있습니다. 그 동안 '나의 공부관리'란에 그날그날 들었던 강좌를 적고 다시 들어야 할 것들 메모해 놓은 것을 보니 감회가 새롭네요. 시원샘 말씀처럼 그때 시작하지 않았으면 지금쯤 또 후회하고 있었을 텐데, 소중한 결실을 맺게 되어 감격스럽습니다. 진심으로 감사드려요. 파이팅하세요!!

– 김재한 (취업 준비생)

미국에서 배워도 항상 어렵기만 했던 영어가!

미국에 이민 온 지 1년 반이 되었습니다. 미국에서 학교도 다녔습니다. 안 되는 영어로 사업을 하지만 항상 답답하기만 했습니다. 그런 저에게 들으면 들을수록 자신감이 생기는 건 시원스쿨에서만 줄 수 있는 희망이었습니다. 좀 더 빨리 알았더라면 하는 아쉬움이 있습니다. 듣고, 또 듣고 시간 나는 대로 로그인합니다. 앞으로 열심히 해서 회화가 술술 나오는 그날까지 쭉~ 할 겁니다. 시원스쿨 홧팅^^ 시원쌤~~감솨~~

– 김혜복 (재미교포 사업가)

자가진단 : 영어 왕초보 레벨과 처방

대한민국에는 크게 3가지 종류의 영어 벙어리가 있습니다!

1 그저막막형 **초급형 왕초보**

한마디로 영어의 구조도 모르고, 단어도 모릅니다. 이 분들은 중학교 때부터 영어 수업시간에는 숙면을 취하거나 숨어서 만화책을 보았고, 방과 후에는 학원보다 친구집을 순회하며 '누구랑 누구랑 사귄다', '연예인 누가 OO에 나왔는데 귀엽더라' 하는 식으로 영어와는 무관한 지식활동을 해오신 타입입니다.

이 분들의 공통점은 '영어는 원래 나와 다른 세상의 사람들만이 가능한 것이고, 영어는 절대 풀릴 수 없는 나의 운명'이라고 받아들인다는 것이죠.

그럼 어떻게 하죠?

간단한 문장 형태를 기초부터 다시 배워야 합니다. 체계적으로 배워야 합니다. 문법을 배우라는 이야기가 아닌 **'누가 어쩐다'라는 영어의 구조를 배우고 나열법을 배워야 한다**는 것입니다. 그럼 문장을 어떻게 만드는지 확신이 생길 겁니다. 확신이 생겼다면 입으로 반복해서 내 것으로 만들면 됩니다. 얼마나 시간이 걸릴까요? 생각보다 그리 긴 시간이 소요되지 않습니다. 체계적으로 배운다면 말이지요.

2 아리까리형 중급형 왕초보

영어의 구조는 대충 알지만, 확신이 없고 당연히 입에 익지도 않은 분들입니다. 이 분들은 주로 교육열에 불타는 부모님에 의해서 이 학원, 저 학원 옮겨 다니며 영어를 배워온 분들입니다. 가르친 선생님도 여럿인 데다가 성적이 당장 급하다 보니, 알쏭달쏭한 상태에서 일단은 진도를 나갔고, 시험을 앞두고 있기에 문제 유형별로 풀이 방법을 배웠습니다. 그랬더니 성인이 된 지금까지도 들으면 대충 알겠는데 회화에는 영 자신이 없는 알쏭달쏭한 반벙어리 형태로 남아 있게 된 유형입니다.

그럼 어떻게 하죠?

문장을 처음부터 다시 배우는 것을 추천해 드립니다. 완벽한 벙어리는 아니니까 중간부터 시작하면 안 되냐고요? **그 동안 늘 중간부터 시작해서 알쏭달쏭함이 해결이 안 되셨던 것입니다.** 종이접기하다가 헷갈리면 다시 펴고 처음부터 제대로 된 설명서를 보고 접는 것이 훨씬 더 쉽죠? 대신 초급형 왕초보분들보다는 초반에 약간 더 빠르게 영어를 섭렵하실 수 있을 테니 너무 억울해 하지는 마세요.

3 맴맴돌뿐형

고급형 왕초보

가장 발전된 형태의 벙어리입니다. 영어의 구조도 잘 알고, 아는 단어도 많습니다. '틀린 문장 찾기'의 대가로, 토익 · 토플 시험 성적도 좋습니다. 하지만 영어를 말하는 것이 입에 익지 않아서 외국사람 앞에선 벙어리가 됩니다. (소위 SKY 대학교를 나오신 분들 중에도 많습니다) 이는 자동차의 엔진구조나 운전요령에 대해서는 타의추종을 불허하는 자동차전문가가 막상 운전을 해 보라고 하면 "저 못해요." 하는 것과 같은 상황입니다.

그럼 어떻게 하죠?

어떻게 하긴요. 입에 익숙하게 만들어야죠. 어떻게 익숙하게 만들 수 있냐고요? 단순합니다. **반복하면 됩니다. 간단한 문장 구조를 가지고 단어만 바꿔가면서 입에 익숙하게 계속 반복합니다.** 학원의 도움도 필요 없습니다. 원어민과 부딪히는 것도 나중에 하세요. **먼저 간단한 문장을 1초만에 입에서 나올 수 있도록 해 주세요.** 그리고 그 간단한 문장이 익숙해지면 문장의 길이를 계속 늘려가 주세요. 절대 스트레스 받지 마세요. 아는 문장을 내 것화하면 분명 누구보다 금방 입이 터질 것입니다.

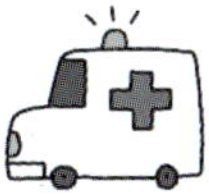

벙어리 만병통치약을 정리해 주세요!

하나 단어를 외우고

둘 어떻게 연결하는지 배우고

셋 빨리 연결할 수 있도록 반복하면 됩니다.

어렵게 생각하면 절대 성공할 수 없습니다. '등잔 밑이 어둡다'는 말처럼 살면서 우리는 원래 쉬운 길을 두고 빙빙 둘러가는 경우가 너무 많습니다. 답은 쉽게 생각해야 나옵니다.

★ 종합 결론 ★

영어의 레벨이 다 다른데 어떻게 하죠?

그럼 이 책으로 처음부터 다시 하세요.
어차피 1년 정도면 원어민과 떠드는 데
지장 없을 테니까요.

이책의 공부법

1 한 예문도 그냥 넘기지 마라! 모두 소리 내어 읽자!

영어 잘하고 싶으세요? 영어는 큰 소리로 따라해야 늡니다.

뛰어가다 [런]

I run today.
I ran yesterday.
I will run tomorrow.
I am running right now.
난 오늘 뛰니다.
난 어제 뛰었죠.
난 내일 뛸 거예요.
난 지금 뛰는 중이에요.

run [rʌn]

난 오늘 뛰니다.
난 어제 뛰었죠.
난 내일 뛸 거예요.
난 지금 뛰는 중이에요.
I run today.
I ran yesterday.
I will run tomorrow.
I am running right now.

걸어가다 [워크]

I walk alone.
I walked alone.
I will walk alone.
I am walking with my mom.
난 혼자 걸어요.
난 혼자 걸었죠.
난 혼자 걸을 거예요.
난 우리 어머니랑 걷고 있어요.

walk [wɔ:k]

난 혼자 걸어요.
난 혼자 걸었죠.
난 혼자 걸을 거예요.
난 우리 어머니랑 걷고 있어요.
I walk alone.
I walked alone.
I will walk alone.
I am walking with my mom.

01 일상동작 표현하기 1단계 17

축구경기 많이 본다고 실력이 나아지나요? 공 차는 연습을 해야 제 실력이 됩니다. 반드시 이 책에 나오는 모든 예문을 큰 소리로 따라 읽어 가며 공부하세요. 내 입으로 외치는 공부만이 진짜 내 실력이 됩니다.

2 '누가' + '어쩐다'로 생각하자!

우리말은 주어가 자주 생략되기 때문에 '누가 / 어쩐다' 식으로 사고하지 않습니다. 하지만 영어를 말할 때는 '누가'+'어쩐다'라는 기본 구조를 빨리빨리 떠올리는 것이 중요합니다. '누가'+ '어쩐다'라는 영어의 기본구조에 익숙해지면 머뭇거림 없이 영어문장이 1초 만에 바로바로 튀어나오게 됩니다.

3 하루 3단어만 하자! 단, 끝까지 하자!

책은 여러분이 의식하지 못하는 사이에 단순시제에서 부정문, 의문문, 중문, 조동사활용, 완료형 문장까지 점진적으로 다양한 영어문장에 세뇌당하시도록 세심히 고안되어 있습니다. 여러분은 그런 것에 전혀 신경 쓰실 필요 없이, 하루에 딱 3단어씩만 주어진 예문으로 철저히 연습하십시오. 끝까지만 하시면 할 수 있는 문장의 길이가 쭉쭉 늘어납니다.

★ 일러두기: 이 책에는 각 단어의 발음을 [한글독음]과 [발음기호]의 두 가지 형태로 제시하고 있습니다. [한글독음]은 최대한 실제 영어발음에 가깝게 수록하였으며, [발음기호]는 영영사전의 발음기호 수록 원칙을 따르고 있음을 알려드립니다.

목차

Chapter

01

일상동작 표현하기 1단계

막 대학을 졸업한 영수와 영희가 있습니다.

영수는 본인이 좀 부족하다고 생각하는 친구이고, 영희는 세상에서 자기가 제일 똑똑하다고 생각하며 욕심도 매우 많은 친구입니다.

머리가 나쁜 영수는 하루에 단어를 3개씩만 외웁니다. 그리고 1년을 외웁니다. 영수는 1년 후에 1,000개의 단어를 머리속에 새기게 되었습니다. 반면 머리 좋은 영희는 단어를 20개씩 외웁니다. 의욕에 불타 눈을 번뜩이며 영어를 한꺼번에 잡아먹을 듯 달려듭니다. 그러나 점점 지칩니다. 그리고 일주일 후에 포기합니다. 1년이 지났습니다. 영희는 그나마 외운 20개도 다 까먹고 말게 되었습니다.

위의 스토리를 비추어 보았을 때 여러분은 영수와 영희 중에 누구와 가깝나요? **영어 단어를 하루에 몇 개 외울 수 있는지는 중요하지 않습니다. 중요한 것은 1년 동안 몇 개를 외울 수 있는지입니다.** 단어를 외우는 것은 고통스럽지 않습니다. 고통스러운 것은 단어를 한꺼번에 많이 외우는 것입니다. 더 외울 수 있을 것 같다는 유혹을 버리고, 하루에 3개씩만 외우는 습관을 기른다면 1년 후에는 내 자신을 보며 정말 놀랄 수 있게 될 것입니다.

영수와 영희 중에 누구의 모습을 택하시겠습니까?
선택은 여러분의 몫입니다.

뛰어가다 [런] run [rʌn]

I / run today.

I / ran yesterday.

I / will run tomorrow.

I / am running right now.

난 / 오늘 뛰니다.

난 / 어제 뛰었죠.

난 / 내일 뛸 거예요.

난 / 지금 뛰는 중이에요.

난 / 오늘 뛰니다. [현재]

난 / 어제 뛰었죠. [과거]

난 / 내일 뛸 거예요. [미래]

난 / 지금 뛰는 중이에요. [진행]

I / run today. [현재]

I / ran yesterday. [과거]

I / will run tomorrow. [미래]

I / am running right now. [진행]

걸어가다 [워ㅋ] walk [wɔːk]

I / walk alone.

I / walked alone.

I / will walk alone.

I / am walking with my mom.

난 / 혼자 걸어요.

난 / 혼자 걸었죠.

난 / 혼자 걸을 거예요.

난 / 우리 어머니랑 걷고 있어요.

난 / 혼자 걸어요. [현재]

난 / 혼자 걸었죠. [과거]

난 / 혼자 걸을 거예요. [미래]

난 / 우리 어머니랑 걷고 있어요. [진행]

I / walk alone. [현재]

I / walked alone. [과거]

I / will walk alone. [미래]

I / am walking with my mom. [진행]

구부리다, 접다 [벤ㄷ] bend [bend]

I / bend my arm.

I / bent my arm.

I / will bend my knees.

I / am bending this stick.

난 / 내 팔을 접어요.

난 / 내 팔을 접었어요.

난 / 내 무릎을 구부릴 거예요.

난 / 이 막대기를 구부리고 있는 중이에요.

난 / 내 팔을 접어요. [현재]

난 / 내 팔을 접었어요. [과거]

난 / 내 무릎을 구부릴 거예요. [미래]

난 / 이 막대기를 구부리고 있는 중이에요. [진행]

I / bend my arm. [현재]

I / bent my arm. [과거]

I / will bend my knees. [미래]

I / am bending this stick. [진행]

펴다, 늘리다 [스트렛취] stretch [stretʃ]

I / stretch my back.

I / stretched my back.

I / will stretch this line.

I / am stretching my arm.

난 / 내 허리를 펴요.

난 / 내 허리를 폈어요.

난 / 이 선을 늘릴 거예요.

난 / 내 팔을 펴는 중이에요.

난 / 내 허리를 펴요. [현재]

난 / 내 허리를 폈어요. [과거]

난 / 이 선을 늘릴 거예요. [미래]

난 / 내 팔을 펴는 중이에요. [진행]

I / stretch my back. [현재]

I / stretched my back. [과거]

I / will stretch this line. [미래]

I / am stretching my arm. [진행]

열다, 뜨다 [오픈] open [óupən]

I / open my eyes.

I / opened my eyes.

I / will open my store.

I / am opening the door.

난 / 눈을 떠요.

난 / 눈을 떴어요.

난 / 가게를 열 거예요.

난 / 문을 열고 있는 중이에요.

난 / 눈을 떠요. [현재]

난 / 눈을 떴어요. [과거]

난 / 가게를 열 거예요. [미래]

난 / 문을 열고 있는 중이에요. [진행]

I / open my eyes. [현재]

I / opened my eyes. [과거]

I / will open my store. [미래]

I / am opening the door. [진행]

닫다, 감다 [클로우즈] close [klouz]

I / close the door.

I / closed my eyes.

I / will close my shop.

I / am closing my restaurant.

난 / 문을 닫죠.

난 / 눈을 감았어요.

난 / 가게 문을 닫을 거예요.

난 / 식당 문을 닫고 있는 중입니다.

난 / 문을 닫죠. [현재]

난 / 눈을 감았어요. [과거]

난 / 가게 문을 닫을 거예요. [미래]

난 / 식당 문을 닫고 있는 중입니다. [진행]

I / close the door. [현재]

I / closed my eyes. [과거]

I / will close my shop. [미래]

I / am closing my restaurant. [진행]

점프하다 [점프] jump [dʒʌmp]

I / jump high.

I / jumped low.

I / will jump later.

I / am jumping.

난 / 높게 점프하죠.

난 / 낮게 점프했어요.

난 / 이따가 점프할래요.

난 / 점프하는 중이에요.

난 / 높게 점프하죠. [현재]

난 / 낮게 점프했어요. [과거]

난 / 이따가 점프할래요. [미래]

난 / 점프하는 중이에요. [진행]

I / jump high. [현재]

I / jumped low. [과거]

I / will jump later. [미래]

I / am jumping. [진행]

귀 기울이다, 주목하다 [페이 어텐션] pay attention [pei ətènʃʌ́n]

We / pay attention to you.

We / paid attention to you.

We / will pay attention to you.

We / are paying attention to you.

우린 / 너에게 주목하고 있어.

우린 / 너에게 귀 기울였어.

우린 / 너에게 주목할 거야.

우린 / 너에게 귀를 기울이는 중이야.

우린 / 너에게 주목하고 있어. [현재]

우린 / 너에게 귀 기울였어. [과거]

우린 / 너에게 주목할 거야. [미래]

우린 / 너에게 귀를 기울이는 중이야. [진행]

We / pay attention to you. [현재]

We / paid attention to you. [과거]

We / will pay attention to you. [미래]

We / are paying attention to you. [진행]

우리말은 주어를 생략하는 경우가 많습니다.
영어에서는 절대 주어가 생략될 수 없음을 기억해 주세요.

앉다 [싯] sit [sit]

I / sit here.

I / sit there.

I / will sit by you.

I / am sitting by you.

난 / 여기 앉아 있어.

난 / 저쪽에 앉아.

난 / 네 옆에 앉을 거야.

난 / 네 옆에 앉아 있잖아.

난 / 여기 앉아 있어. [현재]

난 / 저쪽에 앉아. [현재]

난 / 네 옆에 앉을 거야. [미래]

난 / 네 옆에 앉아 있잖아. [진행]

I / sit here. [현재]

I / sit there. [현재]

I / will sit by you. [미래]

I / am sitting by you. [진행]

서다 [스탠덥] stand up [stænd ʌp]

I / stand up.

I / stood up.

I / will stand up.

I / am standing up.

난 / 일어난다.

난 / 일어났다.

난 / 일어날 거야.

난 / 일어나는 중이야.

난 / 일어난다. [현재]

난 / 일어났다. [과거]

난 / 일어날 거야. [미래]

난 / 일어나는 중이야. [진행]

I / stand up. [현재]

I / stood up. [과거]

I / will stand up. [미래]

I / am standing up. [진행]

잘 따라하고 계시죠? 자신감 있는 목소리로 힘차게!

깨다, 일어나다 [게럽] get up [get ʌp]

He / gets up.

He / got up in the morning.

He / will get up in the afternoon.

He / is getting up now.

걘 / 일어나요.

걘 / 아침에 일어났대요.

걘 / 오후에 일어날 거예요.

걘 / 지금 일어나는 중이래.

걘 / 일어나요. [현재]

걘 / 아침에 일어났대요. [과거]

걘 / 오후에 일어날 거예요. [미래]

걘 / 지금 일어나는 중이래. [진행]

He / gets up. [현재]

He / got up in the morning. [과거]

He / will get up in the afternoon. [미래]

He / is getting up now. [진행]

놓다, 두다 [풋] put [put]

I / put it here.

I / put it there yesterday.

I / will put it there tomorrow.

I / am putting it here now.

(나) / 여기다 그거 놓는다.

/ 어제 거기다 그걸 놨어.

내가 / 내일 그걸 거기에다가 둘게.

나 / 지금 그걸 여기에다 둘게.

(나) / 여기다 그거 놓는다. [현재]

/ 어제 거기다 그걸 놨어. [과거]

내가 / 내일 그걸 거기에다가 둘게. [미래]

나 / 지금 그걸 여기에다 둘게. [진행]

I / put it here. [현재]

I / put it there yesterday. [과거]

I / will put it there tomorrow. [미래]

I / am putting it here now. [진행]

친구가 내 말 안 듣고 딴생각할 때 날려 주세요.
Are you listening?(듣고 있니?)

듣다 [리쓴] listen [lísn]

Do you / listen?

Did you / listen?

Will you / listen?

Are you / listening?

(넌) / 듣니?

/ 들었니?

/ 들을 거니?

/ 듣고 있니?

(넌) / 듣니? [현재]

/ 들었니? [과거]

/ 들을 거니? [미래]

/ 듣고 있니? [진행]

Do you / listen? [현재]

Did you / listen? [과거]

Will you / listen? [미래]

Are you / listening? [진행]

말하다 [스픽] speak [spi:k]

Do you / speak English?

Did you / speak English?

Will you / speak English?

Are you / speaking English?

(너) / 영어 하니?

/ 영어 했니?

/ 영어 할 거니?

/ 영어 하는 중이니?

(너) / 영어 하니? [현재]

/ 영어 했니? [과거]

/ 영어 할 거니? [미래]

/ 영어 하는 중이니? [진행]

Do you / speak English? [현재]

Did you / speak English? [과거]

Will you / speak English? [미래]

Are you / speaking English? [진행]

won't는 will not의 줄임말입니다.

낮잠 자다 take a nap

[테이커 냅] [teik ə næp]

I / take a nap at 2.

I / don't take a nap at 2.

I / will take a nap at 5.

I / won't take a nap at 5.

난 / 2시에 낮잠 자.

난 / 2시엔 낮잠 안 자.

난 / 5시에 낮잠 잘 거야.

난 / 5시에 낮잠 안 잘 거야.

난 / 2시에 낮잠 자. [현재]

난 / 2시엔 낮잠 안 자. [현재]

난 / 5시에 낮잠 잘 거야. [미래]

난 / 5시에 낮잠 안 잘 거야. [미래]

I / take a nap at 2. [현재]

I / don't take a nap at 2. [현재]

I / will take a nap at 5. [미래]

I / won't take a nap at 5. [미래]

잠자다 get some sleep

[겟썸 슬립] [get sʌm sliːp]

I / will get some sleep.

I / got some sleep.

I / will not get some sleep.

I / want to get some sleep.

난 / 잠 좀 자려고.

난 / 잠 좀 잤어.

난 / 안 잘 거야.

난 / 자고 싶어.

난 / 잠 좀 자려고. [미래]

난 / 잠 좀 잤어. [과거]

난 / 안 잘 거야. [미래]

난 / 자고 싶어. [현재]

I / will get some sleep. [미래]

I / got some sleep. [과거]

I / will not get some sleep. [미래]

I / want to get some sleep. [현재]

take a rest를 배울 때도 입은 쉬면 안 됩니다.

쉬다 take a rest

[테이커 뤠스트] [teik ə rest]

I / want to take a rest.

I / wanted to take a rest.

I / want to be able to take a rest.

I / need to take a rest.

난 / 쉬고 싶어.

난 / 쉬고 싶었어.

난 / 쉴 수 있길 원해.

난 / 휴식이 필요해.

난 / 쉬고 싶어. [현재]

난 / 쉬고 싶었어. [과거]

난 / 쉴 수 있길 원해. [현재]

난 / 휴식이 필요해. [현재]

I / want to take a rest. [현재]

I / wanted to take a rest. [과거]

I / want to be able to take a rest. [현재]

I / need to take a rest. [현재]

휘두르다 [스윙] swing [swiŋ]

Can you / swing this?

Do you / swing this?

Did you / swing this?

Could you / swing this?

(너) / 이거 휘두를 수 있니?

/ 이거 휘두르니?

/ 이거 휘둘렀어?

/ 이거 휘둘러 줄래?

(너) / 이거 휘두를 수 있니? [현재]

/ 이거 휘두르니? [현재]

/ 이거 휘둘렀어? [과거]

/ 이거 휘둘러 줄래? [현재]

Can you / swing this? [현재]

Do you / swing this? [현재]

Did you / swing this? [과거]

Could you / swing this? [현재]

김연아 선수를 응원하며 소리 내어 읽어봅시다.

부수다, 깨다 [브레익] break [breik]

Can you / break the record?

Did you / break the record?

Do you / want to break the record?

Will you / break the rule?

(너) / 기록 깰 수 있겠어?

/ 기록 깼니?

/ 기록 깨고 싶니?

/ 원칙을 깰 거야?

(너) / 기록 깰 수 있겠어?	[현재]
/ 기록 깼니?	[과거]
/ 기록 깨고 싶니?	[현재]
/ 원칙을 깰 거야?	[미래]
Can you / break the record?	[현재]
Did you / break the record?	[과거]
Do you / want to break the record?	[현재]
Will you / break the rule?	[미래]

흘리다, 쏟다 [스필] spill [spil]

Did you / spill the water?

Can you / spill the water?

Are you / spilling the water?

I / spilled the water.

(네가) / 물 흘렸니?

/ 물 쏟을 수 있어?

네가 / 물 쏟고 있니?

내가 / 물 쏟았어.

(네가) / 물 흘렸니?	[과거]
/ 물 쏟을 수 있어?	[현재]
네가 / 물 쏟고 있니?	[진행]
내가 / 물 쏟았어.	[과거]
Did you / spill the water?	[과거]
Can you / spill the water?	[현재]
Are you / spilling the water?	[진행]
I / spilled the water.	[과거]

영어를 미워하지 마세요. 알고 보면 괜찮은 녀석입니다.^^

채우다 [필] fill [fil]

I / fill the bottle.

I / fill the bottle with water.

I / filled the bottle with water.

I / will fill the bottle with water.

(난) / 병을 채운다.

/ 병을 물로 채운다.

/ 병을 물로 채웠다.

/ 병을 물로 채울 거야.

(난) / 병을 채운다. [현재]

/ 병을 물로 채운다. [현재]

/ 병을 물로 채웠다. [과거]

/ 병을 물로 채울 거야. [미래]

I / fill the bottle. [현재]

I / fill the bottle with water. [현재]

I / filled the bottle with water. [과거]

I / will fill the bottle with water. [미래]

빚다, 만들다 [몰드] mold [mould]

I / mold this vase.

I / can mold this vase.

I / will mold this vase.

I / want to mold this vase.

(내가) / 이 꽃병을 빚습니다.

/ 이 꽃병을 빚을 수 있습니다.

/ 이 꽃병을 빚을 거예요.

/ 이 꽃병을 빚길 원합니다.

(내가) / 이 꽃병을 빚습니다. [현재]

/ 이 꽃병을 빚을 수 있습니다. [현재]

/ 이 꽃병을 빚을 거예요. [미래]

/ 이 꽃병을 빚길 원합니다. [현재]

I / mold this vase. [현재]

I / can mold this vase. [현재]

I / will mold this vase. [미래]

I / want to mold this vase. [현재]

이제 남자친구에게 가방을 들어달라고 부탁할 수 있겠죠?

들고 있다 [홀드] hold [hould]

Can you / hold this?

Can you / hold this for a moment?

Can you / hold this for a sec?

Can you / hold my bag?

(당신) / 이거 들고 있을 수 있나요?

/ 잠깐 이거 들고 있을 수 있어?

/ 잠깐 이거 들고 있을 수 있어?

/ 내 가방 들고 있어 줄래?

(당신) / 이거 들고 있을 수 있나요? [현재]

/ 잠깐 이거 들고 있을 수 있어? [현재]

/ 잠깐 이거 들고 있을 수 있어? [현재]

/ 내 가방 들고 있어 줄래? [현재]

Can you / hold this? [현재]

Can you / hold this for a moment? [현재]

Can you / hold this for a sec? [현재]

Can you / hold my bag? [현재]

매달리다 [홀돈투] hold on to [hould ɔn tuː]

I / will hold on to you.

I / can hold on to you.

I / will not hold on to you.

You / should hold on to this.

(난) / 당신에게 매달릴 거예요.

/ 당신에게 매달릴 수 있어요.

/ 당신에게 매달리지 않을 거예요.

넌 / 이거에 매달려야 해.

(난) / 당신에게 매달릴 거예요. [미래]

/ 당신에게 매달릴 수 있어요. [현재]

/ 당신에게 매달리지 않을 거예요. [미래]

넌 / 이거에 매달려야 해. [현재]

I / will hold on to you. [미래]

I / can hold on to you. [현재]

I / will not hold on to you. [미래]

You / should hold on to this. [현재]

붙잡고 있다 [홀드] hold [hould]

I / will hold the elevator.

Can you / hold the elevator?

I / am holding the elevator for you.

I / am not going to hold the elevator for you.

내가 / 엘리베이터를 붙잡고 있을게.

너 / 엘리베이터 붙잡고 있을 수 있니?

나 / 너 때문에 엘리베이터 붙잡고 있어.

난 / 너 때문에 엘리베이터 붙잡고 있지 않을 거야.

내가 / 엘리베이터를 붙잡고 있을게. [미래]

너 / 엘리베이터 붙잡고 있을 수 있니? [현재]

나 / 너 때문에 엘리베이터 붙잡고 있어. [진행]

난 / 너 때문에 엘리베이터 붙잡고 있지 않을 거야. [미래]

I / will hold the elevator. [미래]

Can you / hold the elevator? [현재]

I / am holding the elevator for you. [진행]

I / am not going to hold the elevator for you. [미래]

도전하다 [투라이] try [trai]

I / am going to try this show.

He / is going to try the next show.

We / are going to try this time.

I / am trying now.

난 / 이번 쇼에 도전할 거예요.

걘 / 다음 쇼에 도전할 거예요.

우린 / 이번에 도전할 거예요.

난 / 지금 도전하고 있어요.

난 / 이번 쇼에 도전할 거예요. [미래]

걘 / 다음 쇼에 도전할 거예요. [미래]

우린 / 이번에 도전할 거예요. [미래]

난 / 지금 도전하고 있어요. [진행]

I / am going to try this show. [미래]

He / is going to try the next show. [미래]

We / are going to try this time. [미래]

I / am trying now. [진행]

다시 말하지만 영어에서는 주어가 절대 생략되지 않습니다.

깨닫다 [뤼얼라이ㅈ]

realize [rí(:)əlàiz]

You / must realize this.

I / realized this yesterday.

He / doesn't realize this.

We / should realize it.

넌 / 이걸 깨달아야 해.

난 / 이걸 어제 깨달았지.

걘 / 이걸 깨닫지 않고 있어.

우린 / 그걸 깨달아야만 해.

넌 / 이걸 깨달아야 해. [현재]

난 / 이걸 어제 깨달았지. [과거]

걘 / 이걸 깨닫지 않고 있어. [현재]

우린 / 그걸 깨달아야만 해. [현재]

You / must realize this. [현재]

I / realized this yesterday. [과거]

He / doesn't realize this. [현재]

We / should realize it. [현재]

운전하다 [드롸입]

drive [draiv]

I / am driving the car.

Are you / driving his car?

Are you / driving my car?

Is he / driving my car?

난 / 내 차를 운전하고 있어.

너 / 걔 차 운전하고 있니?

너 / 내 차 운전하고 있니?

걔 / 내 차를 운전하고 있대?

난 / 내 차를 운전하고 있어. [진행]

너 / 걔 차 운전하고 있니? [진행]

너 / 내 차 운전하고 있니? [진행]

걔 / 내 차를 운전하고 있대? [진행]

I / am driving the car. [진행]

Are you / driving his car? [진행]

Are you / driving my car? [진행]

Is he / driving my car? [진행]

아래 문장들이 1초 안에 바로바로 튀어나올 때까지 연습하세요.

경쟁하다 [컴핏] compete [kəmpí:t]

I / am competing.

I / am competing against you.

I / am competing against myself.

I / was competing against myself.

난 / 경쟁하는 중이야.

난 / 너와 경쟁하는 중이야.

난 / 내 자신과 경쟁하는 중이야.

난 / 내 자신과 경쟁하던 중이었어.

난 / 경쟁하는 중이야. [진행]

난 / 너와 경쟁하는 중이야. [진행]

난 / 내 자신과 경쟁하는 중이야. [진행]

난 / 내 자신과 경쟁하던 중이었어. [진행]

I / am competing. [진행]

I / am competing against you. [진행]

I / am competing against myself. [진행]

I / was competing against myself. [진행]

움직이다 [무ㅂ] move [mu:v]

We / are moving.

We / were moving.

We / will be moving.

We / must be moving.

우린 / 움직이는 중이야.

우린 / 움직이는 중이었어.

우린 / 움직이는 중일 거야.

우리는 / 움직이는 중이어야 해.

우린 / 움직이는 중이야. [진행]

우린 / 움직이는 중이었어. [진행]

우린 / 움직이는 중일 거야. [진행]

우리는 / 움직이는 중이어야 해. [진행]

We / are moving. [진행]

We / were moving. [진행]

We / will be moving. [진행]

We / must be moving. [진행]

영어의 punish는 '육체적으로 괴롭힘을 준다'는 뉘앙스입니다.

자르다 [컷]　　cut [kʌt]

I / am cutting the tape.

I / am cutting the tape with a cutter.

I / am cutting the tape with the scissors.

I / was cutting the tape with a knife.

난 / 테이프를 자르는 중이야.

난 / 테이프를 칼로 자르는 중이야.

난 / 가위로 테이프를 자르는 중이야.

난 / 칼로 테이프를 자르던 중이었지.

난 / 테이프를 자르는 중이야. [진행]

난 / 테이프를 칼로 자르는 중이야. [진행]

난 / 가위로 테이프를 자르는 중이야. [진행]

난 / 칼로 테이프를 자르던 중이었지. [진행]

I / am cutting the tape. [진행]

I / am cutting the tape with a cutter. [진행]

I / am cutting the tape with the scissors. [진행]

I / was cutting the tape with a knife. [진행]

혼내다 [퍼니쉬]　　punish [pʌ́niʃ]

I / am punishing this kid.

We / are punishing the boy.

They / are punishing the man.

Superman / punishes the bad guys.

난 / 이 아이를 혼내고 있어요.

우린 / 그 소년을 혼내고 있답니다.

걔들은 / 그 남자를 혼내고 있어요.

슈퍼맨은 / 나쁜 사람들을 혼내줘요.

난 / 이 아이를 혼내고 있어요. [진행]

우린 / 그 소년을 혼내고 있답니다. [진행]

걔들은 / 그 남자를 혼내고 있어요. [진행]

슈퍼맨은 / 나쁜 사람들을 혼내줘요. [현재]

I / am punishing this kid. [진행]

We / are punishing the boy. [진행]

They / are punishing the man. [진행]

Superman / punishes the bad guys. [현재]

요즘 여러분을 괴롭히는 걸 떠올리며
큰 소리로 말해 보세요.

책임을 돌리다, 뭐라 하다 [블레임] blame [bleim]

He / is blaming me.
They / are blaming us.
You / can't blame me.
They / can't blame the system.
걔는 / 나한테 뭐라고 하는 중이야.
걔들이 / 우리에게 책임을 돌리더라고.
넌 / 나에게 책임을 돌리면 안 되지.
걔들은 / 시스템을 탓하면 안 되지.

걔는 / 나한테 뭐라고 하는 중이야. [진행]
걔들이 / 우리에게 책임을 돌리더라고. [진행]
넌 / 나에게 책임을 돌리면 안 되지. [현재]
걔들은 / 시스템을 탓하면 안 되지. [현재]
He / is blaming me. [진행]
They / are blaming us. [진행]
You / can't blame me. [현재]
They / can't blame the system. [현재]

괴롭히다 [바더] bother [bάðər]

He / bothers me.
They / bother me.
She / bothers me.
It / bothers me.
걔가 / 날 괴롭혀요.
그들이 / 나를 괴롭혀요.
그녀가 / 나를 괴롭혀요.
그게 / 저를 괴롭혀요.

걔가 / 날 괴롭혀요. [현재]
그들이 / 나를 괴롭혀요. [현재]
그녀가 / 나를 괴롭혀요. [현재]
그게 / 저를 괴롭혀요. [현재]
He / bothers me. [현재]
They / bother me. [현재]
She / bothers me. [현재]
It / bothers me. [현재]

자유롭게 하다 [프뤼]

free [fri:]

You / should free your mind.

You / should free this man.

You / can free yourself.

You / can free your mind.

/ 당신의 마음을 자유롭게 해야 해요.

/ 이 남자를 자유롭게 해주세요.

/ 당신 자신을 자유롭게 하세요.

/ 당신의 마음을 자유롭게 할 수 있답니다.

/ 당신의 마음을 자유롭게 해야 해요. [현재]

/ 이 남자를 자유롭게 해주세요. [현재]

/ 당신 자신을 자유롭게 하세요. [현재]

/ 당신의 마음을 자유롭게 할 수 있답니다. [현재]

You / should free your mind. [현재]

You / should free this man. [현재]

You / can free yourself. [현재]

You / can free your mind. [현재]

설명하다 [익쓰플레인]

explain [ikspléin]

Can you / explain this?

I / can explain this.

I / cannot explain this.

Why should I / explain this?

/ 이거 설명할 수 있나요?

/ 이거 설명할 수 있어요.

/ 이건 설명할 수 없죠.

제가 / 왜 이걸 설명해야 하나요?

/ 이거 설명할 수 있나요? [현재]

/ 이거 설명할 수 있어요. [현재]

/ 이건 설명할 수 없죠. [현재]

제가 / 왜 이걸 설명해야 하나요? [현재]

Can you / explain this? [현재]

I / can explain this. [현재]

I / cannot explain this. [현재]

Why should I / explain this? [현재]

이제 큰 소리로 말하는 것에 좀 익숙해지셨나요?

이해하다 understand

[언더스탠ㄷ] [ʌ̀ndərstǽnd]

Can you / understand this?

I / can understand this.

I / cannot understand this.

Why should I / understand this?

/ 이거 이해 가나요?

전 / 이것이 이해 가요.

전 / 이거 이해 가지 않아요.

제가 / 왜 이걸 이해해야 하나요?

/ 이거 이해 가나요? [현재]

전 / 이것이 이해 가요. [현재]

전 / 이거 이해 가지 않아요. [현재]

제가 / 왜 이걸 이해해야 하나요? [현재]

Can you / understand this? [현재]

I / can understand this. [현재]

I / cannot understand this. [현재]

Why should I / understand this? [현재]

묵인하다, 못 본 척하다 tolerate

[톨러뤠잇] [tɑ́lərèit]

Can you / tolerate this?

I / can tolerate this.

I / cannot tolerate this.

Why should I / tolerate this?

/ 이거 못 본 척할 수 있나요?

/ 이거 못 본 척할 수 있죠.

/ 이거 묵인할 수 없어요.

제가 / 왜 이걸 묵인해야 하죠?

/ 이거 못 본 척할 수 있나요? [현재]

/ 이거 못 본 척할 수 있죠. [현재]

/ 이거 묵인할 수 없어요. [현재]

제가 / 왜 이걸 묵인해야 하죠? [현재]

Can you / tolerate this? [현재]

I / can tolerate this. [현재]

I / cannot tolerate this. [현재]

Why should I / tolerate this? [현재]

오늘 걷지 않으면 내일은 뛰어야 합니다.

좁히다 narrow down

[내로 다운] [nǽrou daun]

Can you / narrow down the topics?

I / can narrow them down.

I / cannot narrow them down.

Why should I / narrow them down?

/ 토픽을 줄여볼 수 있겠니?

제가 / 줄여볼 수 있어요.

저도 / 줄여볼 수는 없어요.

제가 / 왜 줄여야만 하죠?

/ 토픽을 줄여볼 수 있겠니? [현재]

제가 / 줄여볼 수 있어요. [현재]

저도 / 줄여볼 수는 없어요. [현재]

제가 / 왜 줄여야만 하죠? [현재]

Can you / narrow down the topics? [현재]

I / can narrow them down. [현재]

I / cannot narrow them down. [현재]

Why should I / narrow them down? [현재]

넓히다 [와이든] widen [wáidən]

Can you / widen this space?

I / can widen this space.

I / cannot widen this space.

Why should I / widen this space?

/ 이 공간을 넓힐 수 있어?

/ 이 공간을 넓힐 수 있죠.

/ 이 공간을 넓힐 순 없어요.

제가 / 왜 이 공간을 넓혀야 하죠?

/ 이 공간을 넓힐 수 있어? [현재]

/ 이 공간을 넓힐 수 있죠. [현재]

/ 이 공간을 넓힐 순 없어요. [현재]

제가 / 왜 이 공간을 넓혀야 하죠? [현재]

Can you / widen this space? [현재]

I / can widen this space. [현재]

I / cannot widen this space. [현재]

Why should I / widen this space? [현재]

Chapter

02

기본동사로 표현하기

영어를 배울 때는 쉬운 예문을 많이 반복하세요.

다음 수학문제를 각각 1초 안에 풀어보세요.

1. 7+3= □ (정답: 10)   2. 8−4= □ (정답: 4)

너무 쉽다고요? 하지만 처음부터 쉬웠던 건 절대 아닙니다. 초등학교 1, 2학년 때 우리는 하루에 20~30개씩 이러한 덧셈, 뺄셈 문제를 풀었습니다. 그런데 중요한 것은 몇 번 성공했다고 해서 넘어가는 게 아니라, 2년 동안 수백 개의 덧셈, 뺄셈, 곱셈의 연산문제를 반복하여 풀었습니다. 이후의 모든 수학문제를 풀기 위해서는 이 '연산'이라는 기본기가 아주 확실히 잡혀 있어야 하니까요.

하지만 **영어를 배울 때는 어떻습니까? 우선 아무 기초영어 책이나 사고 봅니다. 베스트셀러니까, 또는 무조건 따라 하면 된다니까 등등에 현혹되고 맙니다.** 책을 펼치면 How are you? 문장 하나에 설명이 한바닥입니다. 절대 소리 내어 읽으며 예문을 반복해서 연습하지 않습니다. 그 결과는 무엇인가요? 책을 덮어도 여전히 영어 한 마디 못하는 벙어리 신세입니다.

영어를 배울 때는 초등학교 때 덧셈, 뺄셈을 반복했듯이 꼭 쉬운 예문을 많이 반복하세요. 무엇보다 책의 예문들을 꼭 큰 소리로 따라 하세요. 그래야 중급영어, 고급영어로 갔을 때도 절대 헷갈리지 않을 수 있습니다.

'(점점) ~해지다'란 뜻의 'get+비교급'을 연습해 봅시다.

나아지다 [겟 베러] get better [get bétər]

My English / is getting better every day.

My health / is getting better.

The weather / is getting better.

I / am getting better.

내 영어가 / 매일 나아지네요.

내 건강이 / 나아지네요.

날씨가 / 나아지네요.

내가 / 나아지네요.

내 영어가 / 매일 나아지네요. [진행]

내 건강이 / 나아지네요. [진행]

날씨가 / 나아지네요. [진행]

내가 나아지네요. [진행]

My English / is getting better every day. [진행]

My health / is getting better. [진행]

The weather / is getting better. [진행]

I / am getting better. [진행]

나빠지다 [겟 월ㅅ] get worse [get wəːrs]

The weather / is getting worse.

My health / is getting worse.

My score / gets worse.

This / will get worse.

날씨가 / 나빠지고 있어요.

내 건강이 / 나빠지고 있어요.

내 점수가 / 나빠지네요.

이건 / 나빠질 거야.

날씨가 / 나빠지고 있어요. [진행]

내 건강이 / 나빠지고 있어요. [진행]

내 점수가 / 나빠지네요. [현재]

이건 / 나빠질 거야. [미래]

The weather / is getting worse. [진행]

My health / is getting worse. [진행]

My score / gets worse. [현재]

This / will get worse. [미래]

1초 안에 바로바로 튀어나올 때까지 반복하세요.

빨라지다 [겟 패스터]

get faster [get fǽstər]

The process / gets faster.

The process / got faster.

The process / can get faster.

The process / must get faster.

프로세스가 / 빨라집니다.

프로세스가 / 빨라졌습니다.

프로세스가 / 빨라질 수 있죠.

프로세스는 / 빨라져야 합니다.

프로세스가 / 빨라집니다. [현재]

프로세스가 / 빨라졌습니다. [과거]

프로세스가 / 빨라질 수 있죠. [현재]

프로세스는 / 빨라져야 합니다. [현재]

The process / gets faster. [현재]

The process / got faster. [과거]

The process / can get faster. [현재]

The process / must get faster. [현재]

느려지다 [겟 슬로워]

get slower [get slóuər]

The process / gets slower.

The process / got slower.

The process / can get slower.

The process / must get slower.

프로세스가 / 느려져요.

프로세스가 / 느려졌습니다.

프로세스가 / 느려질 수 있죠.

프로세스가 / 느려져야만 해요.

프로세스가 / 느려져요. [현재]

프로세스가 / 느려졌습니다. [과거]

프로세스가 / 느려질 수 있죠. [현재]

프로세스가 / 느려져야만 해요. [현재]

The process / gets slower. [현재]

The process / got slower. [과거]

The process / can get slower. [현재]

The process / must get slower. [현재]

내 생애 가장 젊은 날이 바로 오늘이고, 지금입니다.
지금 바로 시작하세요.

비싸지다 get more expensive

[겟 모얼 익쓰펜씹] [get mɔːr ikspénsiv]

The jewerly / gets more expensive.	보석이 / 비싸집니다.	[현재]
The jewerly / got more expensive.	보석이 / 비싸졌어요.	[과거]
The jewerly / can get more expensive.	보석이 / 비싸질 수 있죠.	[현재]
The jewerly / must get more expensive.	보석은 / 비싸져야만 해요.	[현재]
보석이 / 비싸집니다.	The jewerly / gets more expensive.	[현재]
보석이 / 비싸졌어요.	The jewerly / got more expensive.	[과거]
보석이 / 비싸질 수 있죠.	The jewerly / can get more expensive.	[현재]
보석은 / 비싸져야만 해요.	The jewerly / must get more expensive.	[현재]

싸지다 get cheaper

[겟 췹퍼] [get tʃíːpər]

The cost of living / gets cheaper.	생활비가 / 저렴해집니다.	[현재]
The cost of living / got cheaper.	생활비가 / 저렴해졌어요.	[과거]
The cost of living / can get cheaper.	생활비가 / 저렴해질 수 있죠.	[현재]
The cost of living / must get cheaper.	생활비가 / 저렴해져야 해요.	[현재]
생활비가 / 저렴해집니다.	The cost of living / gets cheaper.	[현재]
생활비가 / 저렴해졌어요.	The cost of living / got cheaper.	[과거]
생활비가 / 저렴해질 수 있죠.	The cost of living / can get cheaper.	[현재]
생활비가 / 저렴해져야 해요.	The cost of living / must get cheaper.	[현재]

똑똑해지다 [겟 스마러] — get smarter [get smɑ́:rtər]

We / get smarter.	우린 / 똑똑해집니다.	[현재]
We / got smarter.	우린 / 똑똑해졌어요.	[과거]
We / can get smarter.	우린 / 똑똑해질 수 있어요.	[현재]
We / must get smarter.	우린 / 똑똑해져야 해요.	[현재]
우린 / 똑똑해집니다.	We / get smarter.	[현재]
우린 / 똑똑해졌어요.	We / got smarter.	[과거]
우린 / 똑똑해질 수 있어요.	We / can get smarter.	[현재]
우린 / 똑똑해져야 해요.	We / must get smarter.	[현재]

계속하다 [게릿 고잉] — get it going [get it góuiŋ]

We / must get it going.	우린 / 그걸 계속해야 합니다.	[현재]
We / must get this going.	우린 / 이걸 계속해야 합니다.	[현재]
We / must get this movie going.	우린 / 이 영화를 계속해야 합니다.	[현재]
We / must get this project going.	우린 / 이 과제를 계속해야 합니다.	[현재]
우린 / 그걸 계속해야 합니다.	We / must get it going.	[현재]
우린 / 이걸 계속해야 합니다.	We / must get this going.	[현재]
우린 / 이 영화를 계속해야 합니다.	We / must get this movie going.	[현재]
우린 / 이 과제를 계속해야 합니다.	We / must get this project going.	[현재]

간단한 문장 구조를 가지고 단어만 바꿔가면서
입에 익숙하게 계속 반복합니다.

끝내다 [게릿 던] — get it done [get it dʌn]

We / should get it done now.	우린 / 지금 그걸 끝내야 합니다.	[현재]
We / should get this done now.	우린 / 지금 이걸 끝내야 합니다.	[현재]
We / should get this movie done now.	우린 / 지금 이 영화를 끝내야 합니다.	[현재]
We / should get this project done now.	우린 / 지금 이 과제를 끝내야 해요.	[현재]
우린 / 지금 그걸 끝내야 합니다.	We / should get it done now.	[현재]
우린 / 지금 이걸 끝내야 합니다.	We / should get this done now.	[현재]
우린 / 지금 이 영화를 끝내야 합니다.	We / should get this movie done now.	[현재]
우린 / 지금 이 과제를 끝내야 해요.	We / should get this project done now.	[현재]

나오다 [게라웃] — get out [get aut]

Did you / get out?	너 / 나왔니?	[과거]
When did you / get out?	언제 나왔니?	[과거]
When will you / get out?	언제 나올 거니?	[미래]
What time are you / getting out from there?	몇 시에 거기서 나올 거니?	[미래]
너 / 나왔니?	Did you / get out?	[과거]
언제 나왔니?	When did you / get out?	[과거]
언제 나올 거니?	When will you / get out?	[미래]
몇 시에 거기서 나올 거니?	What time are you / getting out from there?	[미래]

줄넘기를 반복해서 연습하듯이 영어 문장을 반복하세요.

끼다, 갇히다 [겟 스턱] get stuck [get stʌk]

I / get stuck here.

I / got stuck here.

I / got stuck between 영수 and 철수.

I / got stuck with no money.

난 / 여기 끼여 있습니다.

난 / 여기 갇혔습니다.

난 / 영수와 철수 사이에 갇혔어요.

난 / 돈이 없는 상태로 갇혔습니다.

난 / 여기 끼여 있습니다. [현재]

난 / 여기 갇혔습니다. [과거]

난 / 영수와 철수 사이에 갇혔어요. [과거]

난 / 돈이 없는 상태로 갇혔습니다. [과거]

I / get stuck here. [현재]

I / got stuck here. [과거]

I / got stuck between 영수 and 철수. [과거]

I / got stuck with no money. [과거]

돈을 받다 [겟 페이드] get paid [get peid]

I / get paid here.

I / got paid here.

I / got paid by my company.

I / got paid nothing.

난 / 여기서 돈을 받습니다.

난 / 여기서 돈을 받았어요.

난 / 우리 회사에서 돈을 받았어요.

난 / 아무것도 받지 않았어요.

난 / 여기서 돈을 받습니다. [현재]

난 / 여기서 돈을 받았어요. [과거]

난 / 우리 회사에서 돈을 받았어요. [과거]

난 / 아무것도 받지 않았어요. [과거]

I / get paid here. [현재]

I / got paid here. [과거]

I / got paid by my company. [과거]

I / got paid nothing. [과거]

관심을 받다 get attention, get the spotlight

[겟 어텐션, 겟 스팟라잇] [get ətènʃʌ́n] [get ðə spɑ́tlàit]

This car / got the attention. | 이 차는 / 관심을 끌었습니다. [과거]

This car / got attention from all over the world. | 이 차는 / 전 세계로부터 관심을 끌었죠. [과거]

This car / didn't get any attention. | 이 차는 / 아무 관심을 끌지 못했어요. [과거]

This car / didn't get the spotlight. | 이 차는 / 관심을 끌지 못했죠. [과거]

이 차는 / 관심을 끌었습니다. | This car / got the attention. [과거]

이 차는 / 전 세계로부터 관심을 끌었죠. | This car / got attention from all over the world. [과거]

이 차는 / 아무 관심을 끌지 못했어요. | This car / didn't get any attention. [과거]

이 차는 / 관심을 끌지 못했죠. | This car / didn't get the spotlight. [과거]

올려놓다 [푸릿 온] put it on [put it ɔn]

Can you / put this on the table? | / 이거 테이블 위에 올려놓을 수 있니? [현재]

I / can put this on the table. | 나 / 이거 테이블 위에 올려놓을 수 있어. [현재]

Can I / put this on the table? | 저 / 이거 테이블 위에 올려놔도 돼요? [현재]

You / can put this on the table. | / 이거 테이블 위에 올려놓으셔도 돼요. [현재]

/ 이거 테이블 위에 올려놓을 수 있니? | Can you / put this on the table? [현재]

나 / 이거 테이블 위에 올려놓을 수 있어. | I / can put this on the table. [현재]

저 / 이거 테이블 위에 올려놔도 돼요? | Can I / put this on the table? [현재]

/ 이거 테이블 위에 올려놓으셔도 돼요. | You / can put this on the table. [현재]

모르는 단어는 없잖아요? 연습하면 진짜 됩니다!

뒤에 두다
[푸릿 백]

put it back
[put it bæk]

Can you / put this back?
I / can put this back.
Can I / put this back?
You / can put this back.
(너) / 이거 뒤에 둘 수 있니?
(난) / 이거 뒤에 둘 수 있어.
(저) / 이거 뒤에 둬도 돼요?
/ 이거 뒤에 두셔도 돼요.

(너) / 이거 뒤에 둘 수 있니? [현재]
(난) / 이거 뒤에 둘 수 있어. [현재]
(저) / 이거 뒤에 둬도 돼요? [현재]
/ 이거 뒤에 두셔도 돼요. [현재]
Can you / put this back? [현재]
I / can put this back. [현재]
Can I / put this back? [현재]
You / can put this back. [현재]

앞에 두다
[푸릿 인 프런ㅌ]

put it in front
[put it in frʌnt]

Can you / put this in front?
I / can put this in front.
Can I / put this in front?
You / can put this in front.
/ 이거 앞에 둘 수 있니?
저 / 이거 앞에 둘 수 있어요.
제가 / 이거 앞에 둬도 될까요?
/ 이거 앞에 두셔도 돼요.

/ 이거 앞에 둘 수 있니? [현재]
저 / 이거 앞에 둘 수 있어요. [현재]
제가 / 이거 앞에 둬도 될까요? [현재]
/ 이거 앞에 두셔도 돼요. [현재]
Can you / put this in front? [현재]
I / can put this in front. [현재]
Can I / put this in front? [현재]
You / can put this in front. [현재]

옆에 두다, 챙겨두다 [푸릿 어싸이ㄷ] put it aside [put it əsáid]

Can you / put your bag aside?	(너) / 네 가방을 옆에 둘 수 있니?	[현재]
I / can put my bag aside.	(난) / 내 가방을 옆에 둘 수 있어.	[현재]
Can I / put my bag aside?	(저) / 제 가방을 옆에 둬도 돼요?	[현재]
You / can put your bag aside.	/ 가방 옆에 두셔도 돼요.	[현재]
(너) / 네 가방을 옆에 둘 수 있니?	Can you / put your bag aside?	[현재]
(난) / 내 가방을 옆에 둘 수 있어.	I / can put my bag aside.	[현재]
(저) / 제 가방을 옆에 둬도 돼요?	Can I / put my bag aside?	[현재]
/ 가방 옆에 두셔도 돼요.	You / can put your bag aside.	[현재]

집어넣다 [푸릿 인] put it in [put it in]

Can you / put your money in?	/ 돈을 넣을 수 있니?	[현재]
I / can put my money in.	/ 내 돈을 넣을 수 있어.	[현재]
Can I / put my money in the bank?	/ 제 돈 은행에 넣어도 돼요?	[현재]
You / can put your money in the bank.	/ 돈을 은행에 둬도 돼요.	[현재]
/ 돈을 넣을 수 있니?	Can you / put your money in?	[현재]
/ 내 돈을 넣을 수 있어.	I / can put my money in.	[현재]
/ 제 돈 은행에 넣어도 돼요?	Can I / put my money in the bank?	[현재]
/ 돈을 은행에 둬도 돼요.	You / can put your money in the bank.	[현재]

붙이다 [푸릿 투게더]

put it together [put it təgéðər]

Can you / put A and B together?
I / can put A and B together.
Can I / put A and B together?
You / can put A and B together.
(넌) / A랑 B랑 붙일 수 있어?
(난) / A랑 B랑 붙일 수 있어.
(저) / A랑 B랑 붙여도 돼요?
당신이 / A랑 B를 붙여도 돼요.

(넌) / A랑 B랑 붙일 수 있어? [현재]
(난) / A랑 B랑 붙일 수 있어. [현재]
(저) / A랑 B랑 붙여도 돼요? [현재]
당신이 / A랑 B를 붙여도 돼요. [현재]
Can you / put A and B together? [현재]
I / can put A and B together. [현재]
Can I / put A and B together? [현재]
You / can put A and B together. [현재]

치우다 [푸릿 어웨이]

put it away [put it əwéi]

Can you / put this away?
I / can put this away.
Can I / put this away?
You / can put this away.
(넌) / 이거 치울래?
(난) / 이거 치울 수 있어.
(저) / 이거 치워도 돼요?
/ 이거 치우셔도 돼요.

(넌) / 이거 치울래? [현재]
(난) / 이거 치울 수 있어. [현재]
(저) / 이거 치워도 돼요? [현재]
/ 이거 치우셔도 돼요. [현재]
Can you / put this away? [현재]
I / can put this away. [현재]
Can I / put this away? [현재]
You / can put this away. [현재]

돌려놓다 put it back

[푸릿 백] [put it bæk]

Can you / put the time back?	(넌) / 시간을 돌려놓을 수 있어?	[현재]
I / cannot put the time back.	(난) / 시간을 돌려놓을 수 없어.	[현재]
Can I / put the time back?	제가 / 시간을 돌려놓을 수 있을까요?	[현재]
You / cannot put the time back.	당신도 / 시간을 뒤로 돌린 순 없어요.	[현재]
(넌) / 시간을 돌려놓을 수 있어?	Can you / put the time back?	[현재]
(난) / 시간을 돌려놓을 수 없어.	I / cannot put the time back.	[현재]
제가 / 시간을 돌려놓을 수 있을까요?	Can I / put the time back?	[현재]
당신도 / 시간을 뒤로 돌린 순 없어요.	You / cannot put the time back.	[현재]

앞당기다 make it early

[메이킷 얼리] [meik it ə́:rli]

Can you / make it early?	당신은 / 앞당길 수 있습니까?	[현재]
I / can make it early.	난 / 앞당길 수 있습니다.	[현재]
I / cannot make it early.	난 / 앞당길 수 없습니다.	[현재]
I / made it early.	내가 / 앞당겼다.	[과거]
당신은 / 앞당길 수 있습니까?	Can you / make it early?	[현재]
난 / 앞당길 수 있습니다.	I / can make it early.	[현재]
난 / 앞당길 수 없습니다.	I / cannot make it early.	[현재]
내가 / 앞당겼다.	I / made it early.	[과거]

빠르게 하다 [메이킷 패스트]

make it fast [meik it fæst]

Can you / make this fast?

I / can make this fast.

I / cannot make this fast.

I / made this fast.

너 / 이거 빠르게 할 수 있어?

난 / 이거 빠르게 할 수 있다.

난 / 이것을 빠르게 할 수 없다.

난 / 이것을 빠르게 했었다.

너 / 이거 빠르게 할 수 있어? [현재]

난 / 이거 빠르게 할 수 있다. [현재]

난 / 이것을 빠르게 할 수 없다. [현재]

난 / 이것을 빠르게 했었다. [과거]

Can you / make this fast? [현재]

I / can make this fast. [현재]

I / cannot make this fast. [현재]

I / made this fast. [과거]

더 늘리다 [메이킷 비거]

make it bigger [meik it bígər]

Can I / make this part bigger?

You / can make this part bigger.

You / cannot make this part bigger.

You / made this part bigger.

내가 / 이 부분을 더 늘릴 수 있을까요?

넌 / 이 부분을 더 늘릴 수 있다.

넌 / 이 부분을 더 늘릴 수 없다.

넌 / 이 부분을 더 늘렸다.

내가 / 이 부분을 더 늘릴 수 있을까요? [현재]

넌 / 이 부분을 더 늘릴 수 있다. [현재]

넌 / 이 부분을 더 늘릴 수 없다. [현재]

넌 / 이 부분을 더 늘렸다. [과거]

Can I / make this part bigger? [현재]

You / can make this part bigger. [현재]

You / cannot make this part bigger. [현재]

You / made this part bigger. [과거]

더 줄이다, 더 짧게 하다 make it shorter

[메이킷 쇼러] [meik it ʃɔ́ːrtər]

Will you / make the story shorter?	당신은 / 그 이야기를 더 줄일 겁니까?	[미래]
I / will make the story shorter.	난 / 그 이야기를 더 줄일 겁니다.	[미래]
I / will not make the story shorter.	난 / 그 이야기를 더 줄이지 않을 거야.	[미래]
I / made the story shorter.	난 / 그 이야기를 더 줄였다.	[과거]
당신은 / 그 이야기를 더 줄일 겁니까?	Will you / make the story shorter?	[미래]
난 / 그 이야기를 더 줄일 겁니다.	I / will make the story shorter.	[미래]
난 / 그 이야기를 더 줄이지 않을 거야.	I / will not make the story shorter.	[미래]
난 / 그 이야기를 더 줄였다.	I / made the story shorter.	[과거]

더 줄이다, 더 작게 하다 make it smaller

[메이킷 스몰러] [meik it smɔ́ːlər]

I / will make my nose smaller.	난 / 내 코를 더 작게 할 것이다.	[미래]
I / can make my nose smaller.	난 / 내 코를 더 작게 할 수 있다.	[현재]
You / should make your eyes smaller.	넌 / 네 눈을 더 작게 해야 한다.	[현재]
You / should make your room smaller.	넌 / 네 공간을 더 줄여야 한다.	[현재]
난 / 내 코를 더 작게 할 것이다.	I / will make my nose smaller.	[미래]
난 / 내 코를 더 작게 할 수 있다.	I / can make my nose smaller.	[현재]
넌 / 네 눈을 더 작게 해야 한다.	You / should make your eyes smaller.	[현재]
넌 / 네 공간을 더 줄여야 한다.	You / should make your room smaller.	[현재]

이 책의 mp3파일을 매일 들으며 따라하세요.

멋지게 하다 make it great

[메이킷 그뤠잇] [meik it greit]

I / will make it great.
I / won't make it great.
You / made this event great.
You / made this party great.
난 / 그걸 멋지게 할 것이다.
난 / 그걸 멋지게 하지 않을 것이다.
넌 / 이 이벤트를 멋지게 했다(만들었다).
넌 / 이 파티를 멋지게 했다(만들었다).

난 / 그걸 멋지게 할 것이다. [미래]
난 / 그걸 멋지게 하지 않을 것이다. [미래]
넌 / 이 이벤트를 멋지게 했다(만들었다). [과거]
넌 / 이 파티를 멋지게 했다(만들었다). [과거]
I / will make it great. [미래]
I / won't make it great. [미래]
You / made this event great. [과거]
You / made this party great. [과거]

늦추다 make it late

[메이킷 레잇] [meik it leit]

I / will make the appointment late.
I / can make the meeting late.
You / should make the meeting late.
You / shouldn't make the meeting late.
난 / 그 약속을 늦출 것이다.
난 / 그 미팅을 늦출 수 있다.
당신은 / 그 미팅을 늦춰야 한다.
당신은 / 그 미팅을 늦추면 안 된다.

난 / 그 약속을 늦출 것이다. [미래]
난 / 그 미팅을 늦출 수 있다. [현재]
당신은 / 그 미팅을 늦춰야 한다. [현재]
당신은 / 그 미팅을 늦추면 안 된다. [현재]
I / will make the appointment late. [미래]
I / can make the meeting late. [현재]
You / should make the meeting late. [현재]
You / shouldn't make the meeting late. [현재]

'달인'의 비결은 매일 반복하는 것입니다.
우리도 '영어의 달인'이 반드시 될 수 있습니다.

구역질나게 하다 make me sick

[메익 미 씩] [meik mi sik]

You / make me sick. — 넌 / 날 역하게 만든다. [현재]

You / are making me sick. — 넌 / 날 역하게 만들고 있다. [진행]

This / makes me sick. — 이것은 / 나를 역하게 만든다. [현재]

Your complaints / make me sick. — 너의 불평은 / 나를 역하게 만든다. [현재]

넌 / 날 역하게 만든다. — You / make me sick. [현재]

넌 / 날 역하게 만들고 있다. — You / are making me sick. [진행]

이것은 / 나를 역하게 만든다. — This / makes me sick. [현재]

너의 불평은 / 나를 역하게 만든다. — Your complaints / make me sick. [현재]

화나게 하다 make me angry

[메익 미 앵그뤼] [meik mi ǽŋgri]

You / make me angry. — 넌 / 날 화나게 만든다. [현재]

You / made me angry. — 넌 / 날 화나게 만들었다. [과거]

This / makes me angry. — 이것은 / 나를 화나게 만든다. [현재]

This stupid system / makes me angry. — 이 바보 같은 시스템은 / 날 화나게 만든다. [현재]

넌 / 날 화나게 만든다. — You / make me angry. [현재]

넌 / 날 화나게 만들었다. — You / made me angry. [과거]

이것은 / 나를 화나게 만든다. — This / makes me angry. [현재]

이 바보 같은 시스템은 / 날 화나게 만든다. — This stupid system / makes me angry. [현재]

여러분의 성원이 언제나 make me happy!

행복하게 하다 — make me happy

[메익 미 해피] [meik mi hǽpi]

You / make me happy.

You / made me happy.

This / makes me happy.

My family / makes me happy.

넌 / 나를 행복하게 한다.

넌 / 나를 행복하게 했다.

이것은 / 나를 행복하게 한다.

나의 가족은 / 나를 행복하게 한다.

넌 / 나를 행복하게 한다. [현재]

넌 / 나를 행복하게 했다. [과거]

이것은 / 나를 행복하게 한다. [현재]

나의 가족은 / 나를 행복하게 한다. [현재]

You / make me happy. [현재]

You / made me happy. [과거]

This / makes me happy. [현재]

My family / makes me happy. [현재]

생각하게 하다 — make me think

[메익 미 띵ㅋ] [meik mi θiŋk]

You / make me think.

You / made me think.

This / makes me think of my mom.

The delicious breakfast / makes me think of my mom.

넌 / 나를 생각하게 한다.

넌 / 나를 생각하게 했다.

이것은 / 내 엄마를 생각하게 한다.

맛있는 아침은 / 내 엄마를 생각나게 한다.

넌 / 나를 생각하게 한다. [현재]

넌 / 나를 생각하게 했다. [과거]

이것은 / 내 엄마를 생각하게 한다. [현재]

맛있는 아침은 / 내 엄마를 생각나게 한다. [현재]

You / make me think. [현재]

You / made me think. [과거]

This / makes me think of my mom. [현재]

The delicious breakfast / makes me think of my mom. [현재]

보내다 make me go

[메익 미 고] [meik mi gou]

I / will make you go. — 난 / 너를 보낼 것이다. [미래]

I / will make him go there. — 난 / 그를 거기에 보낼 것이다. [미래]

I / will make him go to school. — 난 / 그를 학교로 보낼 것이다. [미래]

I / will make him go to school every day. — 난 / 그를 매일 학교로 보낼 것이다. [미래]

난 / 너를 보낼 것이다. — I / will make you go. [미래]

난 / 그를 거기에 보낼 것이다. — I / will make him go there. [미래]

난 / 그를 학교로 보낼 것이다. — I / will make him go to school. [미래]

난 / 그를 매일 학교로 보낼 것이다. — I / will make him go to school every day. [미래]

도전하게 하다, 노력하게 하다 make me try

[메익 미 투라이] [meik mi trai]

Your success / made me try again. — 네 성공은 / 내가 다시 도전하게 만들었다. [과거]

Your story / made me try again. — 네 이야기는 / 내가 다시 도전하게 만들었다. [과거]

Your attitude / made me try hard. — 네 태도는 / 내가 열심히 노력하게 만들었다. [과거]

Your idea / made me try again. — 네 아이디어가 / 나를 다시 노력하게 만들었다. [과거]

네 성공은 / 내가 다시 도전하게 만들었다. — Your success / made me try again. [과거]

네 이야기는 / 내가 다시 도전하게 만들었다. — Your story / made me try again. [과거]

네 태도는 / 내가 열심히 노력하게 만들었다. — Your attitude / made me try hard. [과거]

네 아이디어가 / 나를 다시 노력하게 만들었다. — Your idea / made me try again. [과거]

중학교 때 학업을 포기했던 분들도 시원스쿨을 통해
영어의 기쁨을 맛보고 계십니다.

돋보이다 [룩 아웃스탠딩]

look outstanding [luk àutstǽndiŋ]

Your performance / **looks outstanding**.

Your design / **looks outstanding**.

Your dress / **looks outstanding**.

Your career / **looks outstanding**.

너의 공연은 / 돋보인다.

당신 디자인은 / 돋보인다.

당신 드레스가 / 돋보이는군요.

당신 경력이 / 돋보이는군요.

너의 공연은 / 돋보인다. [현재]

당신 디자인은 / 돋보인다. [현재]

당신 드레스가 / 돋보이는군요. [현재]

당신 경력이 / 돋보이는군요. [현재]

Your performance / **looks outstanding**. [현재]

Your design / **looks outstanding**. [현재]

Your dress / **looks outstanding**. [현재]

Your career / **looks outstanding**. [현재]

좋아 보이다 [룩 굳]

look good [luk gud]

He / **looks good** today.

You / **look good** today.

You guys / **look good** today.

Do I / **look good** today?

그는 / 오늘 좋아 보인다.

너 / 오늘 좋아 보인다.

너희들 / 오늘 좋아 보인다.

나 / 오늘 좋아 보여?

그는 / 오늘 좋아 보인다. [현재]

너 / 오늘 좋아 보인다. [현재]

너희들 / 오늘 좋아 보인다. [현재]

나 / 오늘 좋아 보여? [현재]

He / **looks good** today. [현재]

You / **look good** today. [현재]

You guys / **look good** today. [현재]

Do I / **look good** today? [현재]

더 나아 보이다 [룩 베러] look better [luk bétər]

You / look better today. 너 / 오늘 더 나아 보인다. [현재]

This design / looks better than that one. 이 디자인은 / 저것보다 더 나아 보인다. [현재]

This system / looks better than that one. 이 시스템은 / 저것보다 더 나아 보인다. [현재]

This book / looks better than that one. 이 책은 / 저것보다 더 나아 보인다. [현재]

너 / 오늘 더 나아 보인다. You / look better today. [현재]

이 디자인은 / 저것보다 더 나아 보인다. This design / looks better than that one. [현재]

이 시스템은 / 저것보다 더 나아 보인다. This system / looks better than that one. [현재]

이 책은 / 저것보다 더 나아 보인다. This book / looks better than that one. [현재]

늙어 보이다, 오래되어 보이다 [룩 올드] look old [luk ould]

You / look old. 넌 / 늙어 보여. [현재]

He / doesn't look old. 걘 / 늙어 보이지 않아. [현재]

She / doesn't look old. 그녀는 / 늙어 보이지 않아. [현재]

Do I / look old? 나 / 늙어 보여? [현재]

넌 / 늙어 보여. You / look old. [현재]

걘 / 늙어 보이지 않아. He / doesn't look old. [현재]

그녀는 / 늙어 보이지 않아. She / doesn't look old. [현재]

나 / 늙어 보여? Do I / look old? [현재]

젊어 보이다 [룩 영] look young [luk jʌŋ]

Does he / look young?	걔 / 젊어 보여요?	[현재]
Did he / look young?	걔 / 젊어 보였어요?	[과거]
Does 이시원 / look young?	이시원은 / 젊어 보여요?	[현재]
Did 이시원 / look young?	이시원은 / 젊어 보였어요?	[과거]
걔 / 젊어 보여요?	Does he / look young?	[현재]
걔 / 젊어 보였어요?	Did he / look young?	[과거]
이시원은 / 젊어 보여요?	Does 이시원 / look young?	[현재]
이시원은 / 젊어 보였어요?	Did 이시원 / look young?	[과거]

커 보이다 [룩 빅] look big [luk big]

This shirt / looks big.	이 셔츠는 / 커 보여요.	[현재]
This shirt / looks big for me.	이 셔츠는 / 나한테 커 보여요.	[현재]
This hat / looks big for me.	이 모자는 / 나한테 커 보여요	[현재]
This house / looks big for you.	이 집은 / 너한테 커 보여.	[현재]
이 셔츠는 / 커 보여요.	This shirt / looks big.	[현재]
이 셔츠는 / 나한테 커 보여요.	This shirt / looks big for me.	[현재]
이 모자는 / 나한테 커 보여요.	This hat / looks big for me.	[현재]
이 집은 / 너한테 커 보여.	This house / looks big for you.	[현재]

멋지다, 멋져 보이다 [룩 파인] look fine [luk fine]

You / look fine.	너 / 멋지다.	[현재]
He / looks fine.	걔 / 멋져 보여.	[현재]
이연걸 / looked fine.	이연걸은 / 멋졌다.	[과거]
이효리 / looked fine.	이효리는 / 멋져 보였다.	[과거]
너 / 멋지다.	You / look fine.	[현재]
걔 / 멋져 보여.	He / looks fine.	[현재]
이연걸은 / 멋졌다.	이연걸 / looked fine.	[과거]
이효리는 / 멋져 보였다.	이효리 / looked fine.	[과거]

못생기다 [룩 어글리] look ugly [luk ʌ́gli]

This shoes / look ugly.	이 구두는 / 안 이쁘다.	[현재]
This 만두 / looks ugly.	이 만두는 / 못생겼다.	[현재]
The decoration / looked ugly.	그 장식은 / 안 이쁘다.	[과거]
The wrapping / looked ugly.	그 포장은 / 안 이쁘다.	[과거]
이 구두는 / 안 이쁘다.	This shoes / look ugly.	[현재]
이 만두는 / 못생겼다.	This 만두 / looks ugly.	[현재]
그 장식은 / 안 이쁘다.	The decoration / looked ugly.	[과거]
그 포장은 / 안 이쁘다.	The wrapping / looked ugly.	[과거]

Chapter

03

일상동작 표현하기 2단계

매일 1,440만 원이 입금된다면?

매일 1,440만 원이 내 통장에 입금된다면 기분이 어떨까요? 이 돈은 매일매일 자동으로 입금되며, 세금 하나 내지 않아도 됩니다. 하지만 조건이 하나 있는데, 이 1,440만 원은 저축할 수 없도록 남는 돈은 자동으로 환수된다는 것입니다!

자, 여러분께 오늘부터 1,440만원이 입금되면 어쩌시겠어요? 대부분의 사람은 아마 다 못 쓸 것입니다. 돈을 쓰는 모습도 어리석은 사람은 그냥 이렇게 저렇게 흥청망청 쓸 것이고, 지혜로운 사람은 1,440만 원으로 무언가를 사서 훗날 그 물건들을 팔아서 다른 통장에 넣을 거 같습니다. 그쵸?

우리에게는 매일 1,440만 원이 오늘도 입금되고 있습니다. 1,440분이 바로 그것입니다. 오늘의 1,440만 원, 어떻게 쓰실 건가요? 삼성 이건희 회장이 10조를 줄 테니, 여러분의 젊음과 바꾸자고 하면 바꾸실 건가요? 그 젊음, 그 시간이 바로 우리가 가지고 있는 가장 큰 자산이랍니다! 우리 회원님들께서는 지혜로운 분들이 되실 거라고 믿습니다. 자, 오늘도 파이팅입니다!

이제 눈치 채셨나요? 우리가 단어와 함께 문장구조를 반복하고 있다는 것을^^

까먹다 [폴겟] forget [fərgét]

I / want to forget this.
I / don't want to forget this.
I / hope to forget this.
I / don't hope to forget this.
난 / 이걸 까먹길 원해.
난 / 이걸 까먹지 않길 원해(까먹기 싫어).
난 / 이걸 까먹었음 좋겠어.
난 / 이걸 까먹지 않으면 좋겠어.

난 / 이걸 까먹길 원해. [현재]
난 / 이걸 까먹지 않길 원해(까먹기 싫어). [현재]
난 / 이걸 까먹었음 좋겠어. [현재]
난 / 이걸 까먹지 않으면 좋겠어. [현재]
I / want to forget this. [현재]
I / don't want to forget this. [현재]
I / hope to forget this. [현재]
I / don't hope to forget this. [현재]

기억하다 [리멤버] remember [rimémbər]

I / want to remember you.
I / don't want to remember you.
I / hope to remember you.
I / don't hope to remember you.
난 / 너를 기억하길 원해.
난 / 널 기억하지 않길 원해(기억하기 싫어).
난 / 널 기억했음 좋겠어.
난 / 널 기억하지 않으면 좋겠어.

난 / 너를 기억하길 원해. [현재]
난 / 널 기억하지 않길 원해(기억하기 싫어). [현재]
난 / 널 기억했음 좋겠어. [현재]
난 / 널 기억하지 않으면 좋겠어. [현재]
I / want to remember you. [현재]
I / don't want to remember you. [현재]
I / hope to remember you. [현재]
I / don't hope to remember you. [현재]

외우다 [메모롸이ㅈ] memorize [méməràiz]

I / want to memorize the numbers.	난 / 그 번호를 외우길 원해.	[현재]
I / don't want to memorize the numbers.	난 / 그 번호를 외우지 않길 원해 (외우기 싫어).	[현재]
I / hope to memorize the numbers.	난 / 그 번호를 외웠음 좋겠어.	[현재]
I / don't hope to memorize the numbers.	난 / 그 번호를 외우지 않으면 좋겠어.	[현재]
난 / 그 번호를 외우길 원해.	I / want to memorize the numbers.	[현재]
난 / 그 번호를 외우지 않길 원해.	I / don't want to memorize the numbers.	[현재]
난 / 그 번호를 외웠음 좋겠어.	I / hope to memorize the numbers.	[현재]
난 / 그 번호를 외우지 않으면 좋겠어.	I / don't hope to memorize the numbers.	[현재]

다시 확인하다 [더블첵] double-check [dʌ́bl tʃek]

I / want to double-check the system.	난 / 그 시스템을 다시 확인하길 원해.	[현재]
I / don't want to double-check the system.	난 / 그 시스템을 다시 확인하기 싫어.	[현재]
I / hope to double-check the system.	난 / 그 시스템을 다시 확인하면 좋겠어.	[현재]
I / don't hope to double-check the system.	난 / 그 시스템을 다시 확인하지 않았음 좋겠어.	[현재]
난 / 그 시스템을 다시 확인하길 원해.	I / want to double-check the system.	[현재]
난 / 그 시스템을 다시 확인하기 싫어.	I / don't want to double-check the system.	[현재]
난 / 그 시스템을 다시 확인하면 좋겠어.	I / hope to double-check the system.	[현재]
난 / 그 시스템을 다시 확인하지 않았음 좋겠어.	I / don't hope to double-check the system.	[현재]

마음속에 새기다 put that in mind

[풋 대린 마인드] [put ðæt in maind]

I / want to put this in mind.	난 / 이걸 마음속에 새기길 원해.	[현재]
I / don't want to put this in mind.	난 / 이걸 마음속에 새기지 않길 원해.	[현재]
I / hope to put this in mind.	난 / 이걸 마음속에 새겼으면 좋겠어.	[현재]
I / don't hope to put this in mind.	난 / 이걸 마음속에 새기지 않길 바라.	[현재]
난 / 이걸 마음속에 새기길 원해.	I / want to put this in mind.	[현재]
난 / 이걸 마음속에 새기지 않길 원해.	I / don't want to put this in mind.	[현재]
난 / 이걸 마음속에 새겼으면 좋겠어.	I / hope to put this in mind.	[현재]
난 / 이걸 마음속에 새기지 않길 바라.	I / don't hope to put this in mind.	[현재]

잘못 대하다, 학대하다 mistreat

[밋쓰트릿] [mistrí:t]

I / have mistreated you.	난 / 너를 잘못 대했어.	[현재]
I / haven't mistreated you.	난 / 너를 잘못 대하지 않았어.	[현재]
You / have mistreated me.	넌 / 나를 잘못 대했어.	[현재]
You / haven't mistreated me.	넌 / 나를 잘못 대하지 않았어.	[현재]
난 / 너를 잘못 대했어.	I / have mistreated you.	[현재]
난 / 너를 잘못 대하지 않았어.	I / haven't mistreated you.	[현재]
넌 / 나를 잘못 대했어.	You / have mistreated me.	[현재]
넌 / 나를 잘못 대하지 않았어.	You / haven't mistreated me.	[현재]

3단어라도 매일 하는 습관이 더 중요합니다.

접근하다 [어프롯취] **approach** [əpróutʃ]

I / want to approach this subject. — 난 / 이 주제에 접근하길 원해. [현재]

I / don't want to approach this subject. — 난 / 이 주제에 접근하지 않길 원해(접근하기 싫어). [현재]

I / need to approach this subject. — 난 / 이 주제에 접근할 필요가 있어. [현재]

I / don't need to approach this subject. — 난 / 이 주제에 접근할 필요가 없어. [현재]

난 / 이 주제에 접근하길 원해. — I / want to approach this subject. [현재]

난 / 이 주제에 접근하지 않길 원해(접근하기 싫어). — I / don't want to approach this subject. [현재]

난 / 이 주제에 접근할 필요가 있어. — I / need to approach this subject. [현재]

난 / 이 주제에 접근할 필요가 없어. — I / don't need to approach this subject. [현재]

밝히다 [리빌] **reveal** [rivíːl]

I / want to reveal the secret. — 난 / 그 비밀을 밝히길 원해. [현재]

I / don't want to reveal the secret. — 난 / 그 비밀을 밝히기 싫어. [현재]

I / need to reveal your secret. — 난 / 너의 비밀을 밝힐 필요가 있어. [현재]

I / don't need to reveal your secret. — 난 / 너의 비밀을 밝힐 필요가 없어. [현재]

난 / 그 비밀을 밝히길 원해. — I / want to reveal the secret. [현재]

난 / 그 비밀을 밝히기 싫어. — I / don't want to reveal the secret. [현재]

난 / 너의 비밀을 밝힐 필요가 있어. — I / need to reveal your secret. [현재]

난 / 너의 비밀을 밝힐 필요가 없어. — I / don't need to reveal your secret. [현재]

만들다 [컨스트럭트] construct [kánstrʌkt]

I / want to construct the formula. 난 / 그 공식을 만들길 원해. [현재]

I / don't want to construct the formula. 난 / 그 공식을 만들길 원하지 않아. (만들기 싫어). [현재]

I / need to construct the formula. 난 / 그 공식을 만들 필요가 있어. [현재]

I / don't need to construct the formula. 난 / 그 공식을 만들 필요가 없어. [현재]

난 / 그 공식을 만들길 원해. I / want to construct the formula. [현재]

난 / 그 공식을 만들길 원하지 않아(만들기 싫어). I / don't want to construct the formula. [현재]

난 / 그 공식을 만들 필요가 있어. I / need to construct the formula. [현재]

난 / 그 공식을 만들 필요가 없어. I / don't need to construct the formula. [현재]

절충하다, 조정하다 [미디에잇] mediate [mí:dieit]

I / want to mediate this issue. 난 / 이 이슈를 절충하길 원해. [현재]

I / don't want to mediate this issue. 난 / 이 이슈를 절충하기 싫어. [현재]

I / need to mediate this issue. 난 / 이 이슈를 절충할 필요가 있어. [현재]

I / don't need to mediate this issue. 난 / 이 이슈를 절충할 필요가 없어. [현재]

난 / 이 이슈를 절충하길 원해. I / want to mediate this issue. [현재]

난 / 이 이슈를 절충하기 싫어. I / don't want to mediate this issue. [현재]

난 / 이 이슈를 절충할 필요가 있어. I / need to mediate this issue. [현재]

난 / 이 이슈를 절충할 필요가 없어. I / don't need to mediate this issue. [현재]

나아지다 [임프루ㅂ] **improve** [imprúːv]

I / improved my English skills.	(난) / 영어실력이 나아졌어.	[과거]
I / didn't improve my English skills.	(난) / 영어실력이 나아지지 않았어.	[과거]
You / improved your English skills.	넌 / 영어실력이 나아졌어.	[과거]
You / didn't improve your English skills.	넌 / 영어실력이 나아지지 않았어.	[과거]
(난) / 영어실력이 나아졌어.	I / improved my English skills.	[과거]
(난) / 영어실력이 나아지지 않았어.	I / didn't improve my English skills.	[과거]
넌 / 영어실력이 나아졌어.	You / improved your English skills.	[과거]
넌 / 영어실력이 나아지지 않았어.	You / didn't improve your English skills.	[과거]

소개하다 [인트로듀ㅆ] **introduce** [ìntrədjúːs]

I / introduced my son to my friend.	(난) / 내 아들을 내 친구에게 소개했어.	[과거]
I / didn't introduce my son to my friend.	(난) / 내 아들을 내 친구에게 소개하지 않았어.	[과거]
You / introduced your son to me.	(넌) / 네 아들을 나에게 소개시켜 줬어.	[과거]
You / didn't introduce your son to me.	(넌) / 네 아들을 나에게 소개시켜 주지 않았어.	[과거]
(난) / 내 아들을 내 친구에게 소개했어.	I / introduced my son to my friend.	[과거]
(난) / 내 아들을 내 친구에게 소개하지 않았어.	I / didn't introduce my son to my friend.	[과거]
(넌) / 네 아들을 나에게 소개시켜 줬어.	You / introduced your son to me.	[과거]
(넌) / 네 아들을 나에게 소개시켜 주지 않았어.	You / didn't introduce your son to me.	[과거]

느끼다 [필] feel [fiːl]

I / felt something.
I / didn't feel anything.
You / felt good.
You / didn't feel good.
난 / 무언가를 느꼈어.
난 / 아무것도 느끼지 않았어.
넌 / 기분이 좋았어.
넌 / 기분이 좋지 않았어.

난 / 무언가를 느꼈어.	[과거]
난 / 아무것도 느끼지 않았어.	[과거]
넌 / 기분이 좋았어.	[과거]
넌 / 기분이 좋지 않았어.	[과거]
I / felt something.	[과거]
I / didn't feel anything.	[과거]
You / felt good.	[과거]
You / didn't feel good.	[과거]

확장하다, 넓히다 [익쓰팬ㄷ] expand [ikspǽnd]

I / expanded the business.
I / didn't expand the business.
You / expanded the plan.
You / didn't expand the plan.
난 / 그 사업을 확장했어.
난 / 그 사업을 확장하지 않았어.
넌 / 그 계획을 확장했어.
넌 / 그 계획을 확장하지 않았어.

난 / 그 사업을 확장했어.	[과거]
난 / 그 사업을 확장하지 않았어.	[과거]
넌 / 그 계획을 확장했어.	[과거]
넌 / 그 계획을 확장하지 않았어.	[과거]
I / expanded the business.	[과거]
I / didn't expand the business.	[과거]
You / expanded the plan.	[과거]
You / didn't expand the plan.	[과거]

wipe는 '더러움, 물기 등을 문질러 닦는다'는 뉘앙스입니다.

치우다 [클린] clean [kli:n]

You / need to clean your room.

You / need to clean this area.

You / need to clean your desk.

You / need to clean this.

넌 / 네 방을 치울 필요가 있어.

넌 / 이 지역을 치울 필요가 있어.

넌 / 네 책상을 치울 필요가 있어.

넌 / 이것을 치울 필요가 있어.

넌 / 네 방을 치울 필요가 있어. [현재]

넌 / 이 지역을 치울 필요가 있어. [현재]

넌 / 네 책상을 치울 필요가 있어. [현재]

넌 / 이것을 치울 필요가 있어. [현재]

You / need to clean your room. [현재]

You / need to clean this area. [현재]

You / need to clean your desk. [현재]

You / need to clean this. [현재]

닦다 [와입] wipe [waip]

You / should wipe the table.

You / should wipe the window.

You / should wipe the floor.

You / should wipe the dish.

넌 / 그 탁자를 닦아야 해.

넌 / 그 창문을 닦아야 해.

넌 / 그 바닥을 닦아야 해.

넌 / 그 접시를 닦아야 해.

넌 / 그 탁자를 닦아야 해. [현재]

넌 / 그 창문을 닦아야 해. [현재]

넌 / 그 바닥을 닦아야 해. [현재]

넌 / 그 접시를 닦아야 해. [현재]

You / should wipe the table. [현재]

You / should wipe the window. [현재]

You / should wipe the floor. [현재]

You / should wipe the dish. [현재]

get to는 '~하게 되다'라는 의미의 구어체 표현이에요.

늘리다 [익쓰텐ㄷ] extend [iksténd]

I / should extend the expiration date. 난 / 그 유효기간을 늘려야 해. [현재]

I / should extend the deadline. 난 / 그 마감일을 늘려야 해. [현재]

I / should extend this line. 난 / 이 선을 늘려야 해. [현재]

I / should extend my influence. 난 / 내 영향력을 늘려야 해. [현재]

난 / 그 유효기간을 늘려야 해. I / should extend the expiration date. [현재]

난 / 그 마감일을 늘려야 해. I / should extend the deadline. [현재]

난 / 이 선을 늘려야 해. I / should extend this line. [현재]

난 / 내 영향력을 늘려야 해. I / should extend my influence. [현재]

디자인하다 [디자인] design [dizáin]

I / get to design this part. 난 / 이 부분을 디자인하게 돼. [현재]

I / get to design my bag. 난 / 내 가방을 디자인하게 돼. [현재]

I / get to design the house. 난 / 그 집을 디자인하게 돼. [현재]

I / get to design the outline. 난 / 그 윤곽을 디자인하게 돼. [현재]

난 / 이 부분을 디자인하게 돼. I / get to design this part. [현재]

난 / 내 가방을 디자인하게 돼. I / get to design my bag. [현재]

난 / 그 집을 디자인하게 돼. I / get to design the house. [현재]

난 / 그 윤곽을 디자인하게 돼. I / get to design the outline. [현재]

영어도 공부해 보면 은근히 중독성 있답니다.^^

생각하다, 생각해 보다 [띵ㅋ] think [θiŋk]

I / must think about this.

I / must think about that.

I / must think about this matter.

I / must think about other matters.

나 / 이거 생각해 봐야 해요.

/ 그거 생각해 봐야 해요.

/ 이 일을 생각해 봐야 해요.

/ 다른 일들을 생각해 봐야 해요.

나 / 이거 생각해 봐야 해요. [현재]

/ 그거 생각해 봐야 해요. [현재]

/ 이 일을 생각해 봐야 해요. [현재]

/ 다른 일들을 생각해 봐야 해요. [현재]

I / must think about this. [현재]

I / must think about that. [현재]

I / must think about this matter. [현재]

I / must think about other matters. [현재]

강조하다 [스트뤠ㅅ] stress [stres]

My professor / stressed this topic.

My manager / stressed this topic.

My boss / stressed this topic.

The news / stressed this topic.

내 교수님은 / 이 주제를 강조했어요.

내 매니저는 / 이 주제를 강조했어요.

내 상사는 / 이 주제를 강조했어요.

그 뉴스는 / 이 주제를 강조했어요.

내 교수님은 / 이 주제를 강조했어요. [과거]

내 매니저는 / 이 주제를 강조했어요. [과거]

내 상사는 / 이 주제를 강조했어요. [과거]

그 뉴스는 / 이 주제를 강조했어요. [과거]

My professor / stressed this topic. [과거]

My manager / stressed this topic. [과거]

My boss / stressed this topic. [과거]

The news / stressed this topic. [과거]

결정하다 [디싸잇] decide [disáid]

I / decide to study English.
I / decided to study English.
I / decided to make money.
I / decided to work every day.
난 / 영어공부 하기로 결정해.
난 / 영어공부 하기로 결정했어.
난 / 돈을 벌기로 결정했어.
난 / 매일 일하기로 결정했어.

난 / 영어공부 하기로 결정해. [현재]
난 / 영어공부 하기로 결정했어. [과거]
난 / 돈을 벌기로 결정했어. [과거]
난 / 매일 일하기로 결정했어. [과거]
I / decide to study English. [현재]
I / decided to study English. [과거]
I / decided to make money. [과거]
I / decided to work every day. [과거]

배달하다 [딜리버] deliver [dilívər]

I / have delivered the bottles of wine.
I / have delivered the bottles of milk.
I / have delivered the bottles of juice.
I / have delivered the happiness.
난 / 와인을 배달했어.
난 / 우유를 배달했어.
난 / 주스를 배달했어.
난 / 행복을 배달했어.

난 / 와인을 배달했어. [현재]
난 / 우유를 배달했어. [현재]
난 / 주스를 배달했어. [현재]
난 / 행복을 배달했어. [현재]
I / have delivered the bottles of wine. [현재]
I / have delivered the bottles of milk. [현재]
I / have delivered the bottles of juice. [현재]
I / have delivered the happiness. [현재]

여러분에 대한 제 사랑이 grow bigger해요*^^*

자라다 [그로업]

grow up [grou ʌp]

I / am growing up in Korea.

I / grew up in Korea.

I / grew up in the city.

I / grew up in the small town.

난 / 한국에서 자라고 있어.

난 / 한국에서 자랐어.

난 / 도시에서 자랐어.

난 / 작은 마을에서 자랐어.

난 / 한국에서 자라고 있어. [진행]

난 / 한국에서 자랐어. [과거]

난 / 도시에서 자랐어. [과거]

난 / 작은 마을에서 자랐어. [과거]

I / am growing up in Korea. [진행]

I / grew up in Korea. [과거]

I / grew up in the city. [과거]

I / grew up in the small town. [과거]

더 커지다 [그로 비거]

grow bigger [grou bígə*r*]

I / grew bigger.

My muscle / grew bigger.

My happiness / grew bigger.

My pain / grew bigger.

난 / 더 커졌어.

내 근육은 / 더 커졌어.

내 행복은 / 더 커졌어.

내 아픔은 / 더 커졌어.

난 / 더 커졌어. [과거]

내 근육은 / 더 커졌어. [과거]

내 행복은 / 더 커졌어. [과거]

내 아픔은 / 더 커졌어. [과거]

I / grew bigger. [과거]

My muscle / grew bigger. [과거]

My happiness / grew bigger. [과거]

My pain / grew bigger. [과거]

유지하다 [메인테인] maintain [meintéin]

I / maintain the urgency.

I / have maintained the urgency.

I / have maintained power.

I / have maintained my efficiency.

난 / 그 긴급함을 유지해.

난 / 그 긴급함을 유지해 왔어.

난 / 힘을 유지해 왔어.

난 / 효율성을 유지해 왔어.

난 / 그 긴급함을 유지해. [현재]

난 / 그 긴급함을 유지해 왔어. [현재]

난 / 힘을 유지해 왔어. [현재]

난 / 효율성을 유지해 왔어. [현재]

I / maintain the urgency. [현재]

I / have maintained the urgency. [현재]

I / have maintained power. [현재]

I / have maintained my efficiency. [현재]

해결하다 [솔ㅂ] solve [salv]

I / solve the problem.

I / have solved the problem.

I / haven't solved the problem.

I / have solved this issue.

난 / 그 문제를 해결해.

난 / 문제를 해결했어.

난 / 문제를 해결하지 못했어.

난 / 이 쟁점을 해결했어.

난 / 그 문제를 해결해. [현재]

난 / 문제를 해결했어. [현재]

난 / 문제를 해결하지 못했어. [현재]

난 / 이 쟁점을 해결했어. [현재]

I / solve the problem. [현재]

I / have solved the problem. [현재]

I / haven't solved the problem. [현재]

I / have solved this issue. [현재]

집에서 하루 10분이라도 꼭 영어를 소리 내 읽으세요.

창조하다 [크뤼에잇] create [kriéit]

God / created the world.
God / created the moon.
God / created the sun.
God / created us.
하나님은 / 세상을 창조했다.
하나님은 / 달을 창조했다.
하나님은 / 태양을 창조했다.
하나님은 / 우리를 창조했다.

하나님은 / 세상을 창조했다. [과거]
하나님은 / 달을 창조했다. [과거]
하나님은 / 태양을 창조했다. [과거]
하나님은 / 우리를 창조했다. [과거]
God / created the world. [과거]
God / created the moon. [과거]
God / created the sun. [과거]
God / created us. [과거]

방문하다 [비짓] visit [vízit]

I / visit my friend.
I / have visited my friend.
I / have visited other countries.
I / have visited other companies.
난 / 친구를 방문해.
난 / 친구를 방문했어.
난 / 다른 나라들을 방문했어.
난 / 다른 회사들을 방문했어.

난 / 친구를 방문해. [현재]
난 / 친구를 방문했어. [현재]
난 / 다른 나라들을 방문했어. [현재]
난 / 다른 회사들을 방문했어. [현재]
I / visit my friend. [현재]
I / have visited my friend. [현재]
I / have visited other countries. [현재]
I / have visited other companies. [현재]

희망하다 [위쉬] wish [wiʃ]

I / wish to have my own house.

I / wished to have my own house.

I / wished to have my own kitchen.

I / wished to have my own car.

난 / 나만의 집을 가지길 희망해.

난 / 나만의 집을 가지길 희망했어.

난 / 나만의 주방을 가지길 희망했어.

난 / 나만의 자동차를 가지길 희망했어.

난 / 나만의 집을 가지길 희망해. [현재]

난 / 나만의 집을 가지길 희망했어. [과거]

난 / 나만의 주방을 가지길 희망했어. [과거]

난 / 나만의 자동차를 가지길 희망했어. [과거]

I / wish to have my own house. [현재]

I / wished to have my own house. [과거]

I / wished to have my own kitchen. [과거]

I / wished to have my own car. [과거]

비우다 [엠티] empty [émpti]

/ Empty your mind.

/ Empty the bottle.

/ Empty the bucket.

/ Empty the room.

/ 너의 마음을 비워라.

/ 병을 비워라.

/ 양동이를 비워라.

/ 방을 비워라.

/ 너의 마음을 비워라. [현재]

/ 병을 비워라. [현재]

/ 양동이를 비워라. [현재]

/ 방을 비워라. [현재]

/ Empty your mind. [현재]

/ Empty the bottle. [현재]

/ Empty the bucket. [현재]

/ Empty the room. [현재]

빵 만들 때 탄수화물의 결정구조까진 몰라도 됩니다.

싸다 [랩 잇] wrap it [ræp it]

/ Wrap this.
/ Wrap the books.
/ Wrap the present.
/ Wrap the tree with a blanket.
/ 이걸 싸라.
/ 책을 싸라.
/ 선물을 싸라.
/ 담요로 나무를 싸라.

/ 이걸 싸라. [현재]
/ 책을 싸라. [현재]
/ 선물을 싸라. [현재]
/ 담요로 나무를 싸라. [현재]
/ Wrap this. [현재]
/ Wrap the books. [현재]
/ Wrap the present. [현재]
/ Wrap the tree with a blanket. [현재]

무게를 재다 [웨이 잇] weigh it [wei it]

/ Weigh the cheese.
/ Weigh the meat.
/ Weigh the fish.
/ Weigh the oranges.
/ 치즈의 무게를 재라.
/ 고기의 무게를 재라.
/ 생선의 무게를 재라.
/ 오렌지의 무게를 재라.

/ 치즈의 무게를 재라. [현재]
/ 고기의 무게를 재라. [현재]
/ 생선의 무게를 재라. [현재]
/ 오렌지의 무게를 재라. [현재]
/ Weigh the cheese. [현재]
/ Weigh the meat. [현재]
/ Weigh the fish. [현재]
/ Weigh the oranges. [현재]

붓다 [포어] pour [pɔːr]

I / will pour the Holy Spirit on you. 난 / 너에게 성령을 부을 거야. [미래]

God / will pour the Holy Spirit on you. 하나님은 / 너에게 성령을 부을 거야. [미래]

God / has poured the Holy Spirit on me. 하나님은 / 나에게 성령을 부어 왔어. [현재]

God / has poured the Holy Spirit on us. 하나님은 / 우리에게 성령을 부어 왔어. [현재]

난 / 너에게 성령을 부을 거야. I / will pour the Holy Spirit on you. [미래]

하나님은 / 너에게 성령을 부을 거야. God / will pour the Holy Spirit on you. [미래]

하나님은 / 나에게 성령을 부어왔어. God / has poured the Holy Spirit on me. [현재]

하나님은 / 우리에게 성령을 부어왔어. God / has poured the Holy Spirit on us. [현재]

빛나다 [샤인] shine [ʃain]

You / will shine above all. 넌 / 무엇보다 빛날 거야. [미래]

You / will shine above all the nation. 넌 / 모든 민족 위에 빛날 거야. [미래]

You / will shine among the people. 넌 / 사람들 사이에서 빛날 거야. [미래]

You / will shine through the suffering. 넌 / 고난을 통해 빛날 거야. [미래]

넌 / 무엇보다 빛날 거야. You / will shine above all. [미래]

넌 / 모든 민족 위에 빛날 거야. You / will shine above all the nation. [미래]

넌 / 사람들 사이에서 빛날 거야. You / will shine among the people. [미래]

넌 / 고난을 통해 빛날 거야. You / will shine through the suffering.[미래]

고통은 잠깐이다. 포기는 영원히 남는다. - 랜스 암스트롱

나누다, 공유하다 [쉐어] share [ʃɛər]

I / need to share the income. 난 / 수입을 나눌 필요가 있어. [현재]

I / need to share the food. 난 / 음식을 나눌 필요가 있어. [현재]

I / need to share my time. 난 / 시간을 나눌 필요가 있어. [현재]

I / need to share my time with him. 난 / 그와 시간을 공유할 필요가 있어. [현재]

난 / 수입을 나눌 필요가 있어. I / need to share the income. [현재]

난 / 음식을 나눌 필요가 있어. I / need to share the food. [현재]

난 / 시간을 나눌 필요가 있어. I / need to share my time. [현재]

난 / 그와 시간을 공유할 필요가 있어. I / need to share my time with him. [현재]

떠나다 [리ㅂ] leave [li:v]

You / can leave now. 넌 / 지금 갈 수 있어. [현재]

You / should leave now. 넌 / 지금 가야 해. [현재]

You / have to leave now. 넌 / 지금 가야 해. [현재]

You / don't have to leave now. 넌 / 지금 갈 필요 없어. [현재]

넌 / 지금 갈 수 있어. You / can leave now. [현재]

넌 / 지금 가야 해. You / should leave now. [현재]

넌 / 지금 가야 해. You / have to leave now. [현재]

넌 / 지금 갈 필요 없어. You / don't have to leave now. [현재]

고용하다, 뽑다 [하이어] hire [haiər]

I / have hired the people.

I / have hired hundreds of people.

I / have hired thousands of people.

I / have hired millions of people.

난 / 사람들을 고용했어.

난 / 수백 명의 사람들을 고용했어.

난 / 수천 명의 사람들을 고용했어.

난 / 수백만 명의(수많은) 사람들을 고용했어.

난 / 사람들을 고용했어. [현재]

난 / 수백 명의 사람들을 고용했어. [현재]

난 / 수천 명의 사람들을 고용했어. [현재]

난 / 수백만 명의(수많은) 사람들을 고용했어. [현재]

I / have hired the people. [현재]

I / have hired hundreds of people. [현재]

I / have hired thousands of people. [현재]

I / have hired millions of people. [현재]

해고하다 [파이어] fire [fáiər]

I / have fired the people.

I / have fired hundreds of people.

I / have fired thousands of people.

I / have fired millions of people.

난 / 사람들을 해고했다.

난 / 수백 명의 사람들을 해고했다.

난 / 수천 명의 사람들을 해고했다.

난 / 수백만 명의(수많은) 사람들을 해고했다.

난 / 사람들을 해고했다. [현재]

난 / 수백 명의 사람들을 해고했다. [현재]

난 / 수천 명의 사람들을 해고했다. [현재]

난 / 수백만 명의(수많은) 사람들을 해고했다. [현재]

I / have fired the people. [현재]

I / have fired hundreds of people. [현재]

I / have fired thousands of people. [현재]

I / have fired millions of people. [현재]

정리해고하다 [레이옵] lay off [lei ɔːf]

I / have laid off some people.
I / have laid off a lot of people.
I / have laid off very many people.
I / have laid off quite a lot of people.
난 / 몇몇 사람들을 정리해고했다.
난 / 많은 사람들을 정리해고했다.
난 / 꽤 많은 사람들을 정리해고했다.
난 / 엄청 많은 사람들을 정리해고했다.

난 / 몇몇 사람들을 정리해고했다. [현재]
난 / 많은 사람들을 정리해고했다. [현재]
난 / 꽤 많은 사람들을 정리해고했다. [현재]
난 / 엄청 많은 사람들을 정리해고했다. [현재]
I / have laid off some people. [현재]
I / have laid off a lot of people. [현재]
I / have laid off very many people. [현재]
I / have laid off quite a lot of people. [현재]

세우다, 올리다 [푸리럽] put it up [put it ʌp]

I / put it up.
I / put them up.
I / put my hands up.
He / is putting his hands up.
난 / 그것을 세웠다.
난 / 그것들을 세웠다.
난 / 두 손을 올렸다.
걘 / 두 손을 올리는 중이다.

난 / 그것을 세웠다. [과거]
난 / 그것들을 세웠다. [과거]
난 / 두 손을 올렸다. [과거]
걘 / 두 손을 올리는 중이다. [진행]
I / put it up. [과거]
I / put them up. [과거]
I / put my hands up. [과거]
He / is putting his hands up. [진행]

큰 소리로 말하기는 절대로 여러분의 노력을
배신하지 않습니다

설치하다, 속이다 [쎄럽] set up [set ʌp]

I / can set up the tent.	내가 / 텐트를 설치할 수 있어요.	[현재]
I / have set up the tent.	제가 / 텐트를 설치했죠.	[현재]
You / set me up.	넌 / 날 속였어.	[과거]
He / set us up.	걔가 / 우리를 속였어.	[과거]
내가 / 텐트를 설치할 수 있어요.	I / can set up the tent.	[현재]
제가 / 텐트를 설치했죠.	I / have set up the tent.	[현재]
넌 / 날 속였어.	You / set me up.	[과거]
걔가 / 우리를 속였어.	He / set us up.	[과거]

가져다 주다 [겟] get [get]

/ Get me a pen.	/ 펜 가져다 줘.	[현재]
/ Get me some water.	/ 물을 좀 가져다 줘.	[현재]
I / will get you some water.	내가 / 물 가져다 줄게.	[미래]
I / will get you some coffee.	내가 / 커피 가져다 줄게.	[미래]
/ 펜 가져다 줘.	/ Get me a pen.	[현재]
/ 물을 좀 가져다 줘.	/ Get me some water.	[현재]
내가 / 물 가져다 줄게.	I / will get you some water.	[미래]
내가 / 커피 가져다 줄게.	I / will get you some coffee.	[미래]

Chapter

04

일상동작 표현하기 3단계

'너는 안 돼'라는 말의 힘

혹시 주변에서 "너는 안 돼."라는 말을 들으신 적이 있나요? 딱 짚어 그 말이 아닐지라도 부모님이나 주변 사람들에게 여러분의 꿈을 말했을 때 무시하는 듯한 발언으로 상처를 받으신 경험이 있으신지요?

그렇다면 개그맨 조원석 씨의 이야기를 들려드릴게요. 하루는 개그맨 조원석 씨가 저희 사무실에 찾아오셨습니다. 그동안 많은 연예인 분들에게 개인교습을 해 봤지만, 개그맨 분은 처음이었습니다. 조원석 씨는 무척 겸손하게 자신이 왜 영어를 하고 싶은지, 왜 꼭 해야 하는지에 대해서 설명해 주셨습니다. 그러면서 본인이 개그맨이 된다고 했을 때 주변 사람들이 "너는 안 돼."라면서 비웃었던 이야기와 그 후 어떻게 노력해서 일식집에서 하던 일을 그만두고 개그맨이 되었는지에 대해서 들었을 때는 정말 '사람에게 있어서 의지만큼 중요한 것은 없구나' 싶었습니다.

그리고 깨달은 것이 **"너는 안 돼."라는 말이 어떤 사람에게는 좌절의 이유가 되지만, 어떤 사람들에게는 오기를 발동시켜서 앞으로 전진하는 약이 될 수 있구나** 하는 것이었습니다.

여러분 주변에서 "너는 영어 절대 안 돼."라고 말하는 사람이 있다면, 이를 여러분을 새롭게 증명할 수 있는 기회로 삼아 보시면 좋을 것 같습니다.

독학은 힘들지만 위대한 사람을 만든다.
- 이소룡(Bruce Lee)

인정하다 [어프리쉬에잇] appreciate [əpríːʃièit]

They / have appreciated my work.	그들은 / 나의 작업을 인정했다. [현재]
They / haven't appreciated my work.	그들은 / 나의 작업을 인정하지 않았다. [현재]
They / have appreciated the work of the city.	그들은 / 그 도시의 작업을 인정했다. [현재]
They / haven't appreciated the work of the city.	그들은 / 그 도시의 작업을 인정하지 않았다. [현재]
그들은 / 나의 작업을 인정했다.	They / have appreciated my work. [현재]
그들은 / 나의 작업을 인정하지 않았다.	They / haven't appreciated my work. [현재]
그들은 / 그 도시의 작업을 인정했다.	They / have appreciated the work of the city. [현재]
그들은 / 그 도시의 작업을 인정하지 않았다.	They / haven't appreciated the work of the city. [현재]

밝히다, 확인하다 [아이덴터파이] identify [aidéntəfài]

/ Identify yourself.	/ 네 자신을 밝혀라. [현재]
/ Identify the victim.	/ 희생자를 밝혀라. [현재]
/ Identify the criminal.	/ 범죄자를 밝혀라. [현재]
/ Identify the status.	/ 지위를 밝혀라. [현재]
/ 네 자신을 밝혀라.	/ Identify yourself. [현재]
/ 희생자를 밝혀라.	/ Identify the victim. [현재]
/ 범죄자를 밝혀라.	/ Identify the criminal. [현재]
/ 지위를 밝혀라.	/ Identify the status. [현재]

상기시키다 [뤼마인ㄷ] remind [rimáind]

It / reminded me of you.	그것은 / 내게 너를 상기시켰다.	[과거]
It / reminded me of 이시원.	그것은 / 내게 이시원을 상기시켰다.	[과거]
It / reminded me of my father.	그것은 / 내게 나의 아버지를 상기시켰다.	[과거]
It / reminded me of a high school memory.	그것은 / 내게 나의 고등학교 추억을 상기시켰다.	[과거]
그것은 / 내게 너를 상기시켰다.	It / reminded me of you.	[과거]
그것은 / 내게 이시원을 상기시켰다.	It / reminded me of 이시원.	[과거]
그것은 / 내게 나의 아버지를 상기시켰다.	It / reminded me of my father.	[과거]
그것은 / 내게 나의 고등학교 추억을 상기시켰다.	It / reminded me of a high school memory.	[과거]

의도하다 [인텐ㄷ] intend [inténd]

I / intended to do this.	난 / 이것을 하려고 의도했다.	[과거]
I / didn't intend to do this.	난 / 이것을 하려고 의도하지 않았다.	[과거]
I / intended to work every day.	난 / 매일 일하려고 의도했다.	[과거]
I / didn't intend to work every day.	난 / 매일 일하려고 의도하지 않았다.	[과거]
난 / 이것을 하려고 의도했다.	I / intended to do this.	[과거]
난 / 이것을 하려고 의도하지 않았다.	I / didn't intend to do this.	[과거]
난 / 매일 일하려고 의도했다.	I / intended to work every day.	[과거]
난 / 매일 일하려고 의도하지 않았다.	I / didn't intend to work every day.	[과거]

중독되다 [비컴 옵쎄스트]

become obsessed [bikʌ́m ɔbsést]

I / became obsessed with chocolate.

I / became obsessed with caramel.

I / became obsessed with ice cream.

I / became obsessed with Internet surfing.

난 / 초콜릿에 중독되었다.

난 / 캐러멜에 중독되었다.

난 / 아이스크림에 중독되었다.

난 / 인터넷 서핑에 중독되었다.

난 / 초콜릿에 중독되었다. [과거]

난 / 캐러멜에 중독되었다. [과거]

난 / 아이스크림에 중독되었다. [과거]

난 / 인터넷 서핑에 중독되었다. [과거]

I / became obsessed with chocolate. [과거]

I / became obsessed with caramel. [과거]

I / became obsessed with ice cream. [과거]

I / became obsessed with Internet surfing. [과거]

반복하다 [리핏]

repeat [ripí:t]

I / repeated this.

I / repeated the question.

I / repeated the order.

I / repeated the same problem.

난 / 이것을 반복했다.

난 / 그 질문을 반복했다.

난 / 그 주문을 반복했다.

난 / 같은 문제를 반복했다.

난 / 이것을 반복했다. [과거]

난 / 그 질문을 반복했다. [과거]

난 / 그 주문을 반복했다. [과거]

난 / 같은 문제를 반복했다. [과거]

I / repeated this. [과거]

I / repeated the question. [과거]

I / repeated the order. [과거]

I / repeated the same problem. [과거]

어느새 눈으로 하는 공부로 돌아가 있는 건 아니죠?
큰 소리로 문장을 읽으세요!

보여주다 [쇼] show [ʃou]

It / showed me some hope.	그것은 / 내게 조금의 희망을 보여주었다.	[과거]
It / showed me some vision.	그것은 / 내게 약간의 비전을 보여주었다.	[과거]
It / showed me a way.	그것은 / 내게 길(방향)을 보여주었다.	[과거]
It / showed me a way out.	그것은 / 내게 출구를 보여주었다.	[과거]
그것은 / 내게 조금의 희망을 보여주었다.	It / showed me some hope.	[과거]
그것은 / 내게 약간의 비전을 보여주었다.	It / showed me some vision.	[과거]
그것은 / 내게 길(방향)을 보여주었다.	It / showed me a way.	[과거]
그것은 / 내게 출구를 보여주었다.	It / showed me a way out.	[과거]

계획하다 [플랜] plan [plæn]

We / plan to go to Europe.	우리는 / 유럽에 가는 것을 계획한다.	[현재]
We / planned to go to City Hall.	우리는 / 시청에 가는 것을 계획했다.	[과거]
We / planned to go downtown.	우리는 / 시내로 가는 것을 계획했다.	[과거]
We / planned to go to the countryside.	우리는 / 시골로 가는 것을 계획했다.	[과거]
우리는 / 유럽에 가는 것을 계획한다.	We / plan to go to Europe.	[현재]
우리는 / 시청에 가는 것을 계획했다.	We / planned to go to City Hall.	[과거]
우리는 / 시내로 가는 것을 계획했다.	We / planned to go downtown.	[과거]
우리는 / 시골로 가는 것을 계획했다.	We / planned to go to the countryside.	[과거]

쓰다 [롸잇] write [rait]

I / don't like to write letters. 난 / 편지 쓰는 것을 좋아하지 않는다. [현재]

I / don't enjoy writing letters. 난 / 편지 쓰는 것을 즐기지 않는다. [현재]

I / don't prefer to write letters. 난 / 편지 쓰는 것을 선호하지 않는다. [현재]

I / don't need to write a letter. 난 / 편지 쓸 필요가 없다. [현재]

난 / 편지 쓰는 것을 좋아하지 않는다. I / don't like to write letters. [현재]

난 / 편지 쓰는 것을 즐기지 않는다. I / don't enjoy writing letters. [현재]

난 / 편지 쓰는 것을 선호하지 않는다. I / don't prefer to write letters. [현재]

난 / 편지 쓸 필요가 없다. I / don't need to write a letter. [현재]

받아 적다 [롸잇 다운] write down [rait daun]

Did you / write it down? 너 / 그거 받아 적었어? [과거]

Did you / write the homework down? 너 / 숙제 받아 적었어? [과거]

Did you / write the assignment down? 너 / 과제 받아 적었어? [과거]

I / didn't write it down. 난 / 그걸 받아 적지 않았다. [과거]

너 / 그거 받아 적었어? Did you / write it down? [과거]

너 / 숙제 받아 적었어? Did you / write the homework down? [과거]

너 / 과제 받아 적었어? Did you / write the assignment down? [과거]

난 / 그걸 받아 적지 않았다. I / didn't write it down. [과거]

영어는 IQ와 전혀 상관없습니다.

찾다 [파인ㄷ] find [faind]

Did you / find it?	너 / 그거 찾았어?	[과거]
Did you / find the file?	너 / 그 파일 찾았어?	[과거]
Did you / find the book?	너 / 그 책 찾았어?	[과거]
Did you / find the treasure?	너 / 그 보물 찾았어?	[과거]
너 / 그거 찾았어?	Did you / find it?	[과거]
너 / 그 파일 찾았어?	Did you / find the file?	[과거]
너 / 그 책 찾았어?	Did you / find the book?	[과거]
너 / 그 보물 찾았어?	Did you / find the treasure?	[과거]

그리다 [드뤄] draw [drɔː]

I / like to draw things.	난 / 그리는 것을 좋아한다.	[현재]
I / drew things.	난 / 사물들을 그렸다.	[과거]
I / don't draw things.	난 / 사물들을 그리지 않는다.	[현재]
I / draw people.	난 / 사람을 그린다.	[현재]
난 / 그리는 것을 좋아한다.	I / like to draw things.	[현재]
난 / 사물들을 그렸다.	I / drew things.	[과거]
난 / 사물들을 그리지 않는다.	I / don't draw things.	[현재]
난 / 사람을 그린다.	I / draw people.	[현재]

스펠링을 쓰다, 말하다 [스펠] spell [spel]

I / can spell my name.	난 / 내 이름의 철자를 쓸 수 있다.	[현재]
I / cannot spell my name.	난 / 내 이름의 철자를 쓸 수 없다.	[현재]
Can you / spell your first name?	넌 / 네 이름의 철자를 말할 수 있어?	[현재]
Can you / spell your last name?	넌 / 네 성의 철자를 말할 수 있어?	[현재]
난 / 내 이름의 철자를 쓸 수 있다.	I / can spell my name.	[현재]
난 / 내 이름의 철자를 쓸 수 없다.	I / cannot spell my name.	[현재]
넌 / 네 이름의 철자를 말할 수 있어?	Can you / spell your first name?	[현재]
넌 / 네 성의 철자를 말할 수 있어?	Can you / spell your last name?	[현재]

벌다, 얻다 [언] earn [əːrn]

I / have earned some money.	난 / 약간의 돈을 벌었다.	[현재]
I / have earned some credit.	난 / 약간의 신용을 얻었다.	[현재]
I / have earned some credit from you.	난 / 너에게 약간의 신용을 얻었다.	[현재]
I / have earned some points.	난 / 약간의 점수를 얻었다.	[현재]
난 / 약간의 돈을 벌었다.	I / have earned some money.	[현재]
난 / 약간의 신용을 얻었다.	I / have earned some credit.	[현재]
난 / 너에게 약간의 신용을 얻었다.	I / have earned some credit from you.	[현재]
난 / 약간의 점수를 얻었다.	I / have earned some points.	[현재]

뉴욕에 10년 살아도 영어 못하는 한국사람 많습니다.

관련 있다, 연결시키다 [릴레잇]　relate [riléit]

/ Don't relate the problem with me.

/ Don't relate the problem with her.

This / relates to the problem.

This / doesn't relate to you.

/ 그 문제를 나와 연관짓지 마세요.

/ 그 문제를 그녀와 연관짓지 마세요.

이것은 / 그 문제와 관련이 있다.

이것은 / 너와 관련이 없다.

/ 그 문제를 나와 연관짓지 마세요. [현재]

/ 그 문제를 그녀와 연관짓지 마세요. [현재]

이것은 / 그 문제와 관련이 있다. [현재]

이것은 / 너와 관련이 없다. [현재]

/ Don't relate the problem with me. [현재]

/ Don't relate the problem with her. [현재]

This / relates to the problem. [현재]

This / doesn't relate to you. [현재]

추정하다 [에스터메잇]　estimate [éstəmeit]

I / estimated the result.

I / estimated the speed.

I / estimated the strength.

I / estimated the buying power.

난 / 그 결과를 추정했다.

난 / 그 속도를 추정했다.

난 / 그 힘을 추정했다.

난 / 그 구매력을 추정했다.

난 / 그 결과를 추정했다. [과거]

난 / 그 속도를 추정했다. [과거]

난 / 그 힘을 추정했다. [과거]

난 / 그 구매력을 추정했다. [과거]

I / estimated the result. [과거]

I / estimated the speed. [과거]

I / estimated the strength. [과거]

I / estimated the buying power. [과거]

거의 한국말처럼 사용되는 픽업(pick up),
이제 예문으로 기억해 두세요.

늦추다 [딜레이] delay [diléi]

I / delay the schedule. — 난 / 그 스케줄을 늦춘다. [현재]

I / have delayed the schedule. — 난 / 그 스케줄을 늦추었다. [현재]

I / have delayed the appointment. — 난 / 그 약속을 늦추었다. [현재]

I / have delayed the meeting. — 난 / 그 미팅을 늦추었다. [현재]

난 / 그 스케줄을 늦춘다. — I / delay the schedule. [현재]

난 / 그 스케줄을 늦추었다. — I / have delayed the schedule. [현재]

난 / 그 약속을 늦추었다. — I / have delayed the appointment. [현재]

난 / 그 미팅을 늦추었다. — I / have delayed the meeting. [현재]

줍다, 들다, 태우다 [피컵] pick up [pik ʌp]

My friend / will pick me up. — 내 친구는 / 날 태울 것이다. [미래]

My friend / will pick me up at the airport. — 내 친구는 / 공항에서 나를 태울 것이다. [미래]

My friend / will pick me up at my apartment. — 내 친구는 / 내 아파트에서 날 태울 것이다. [미래]

My friend / will pick me up here. — 내 친구는 / 여기서 날 태울 것이다. [미래]

내 친구는 / 날 태울 것이다. — My friend / will pick me up. [미래]

내 친구는 / 공항에서 나를 태울 것이다. — My friend / will pick me up at the airport. [미래]

내 친구는 / 내 아파트에서 날 태울 것이다. — My friend / will pick me up at my apartment. [미래]

내 친구는 / 여기서 날 태울 것이다. — My friend / will pick me up here. [미래]

should는 문법이 아닙니다.
정말 많이 쓰는 영어표현일 뿐입니다.

내려주다 [드롸퍼ㅍ] drop off [drɑp ɔːf]

He / drops me off.	걔가 / 날 내려줘.	[현재]
He / dropped me off here.	걔가 / 날 여기에 내려줬어.	[과거]
He / dropped me off at my house.	걔가 / 날 집에 내려줬어.	[과거]
He / dropped me off at the airport.	걔가 / 날 공항에 내려줬어.	[과거]
걔가 / 날 내려줘.	He / drops me off.	[현재]
걔가 / 날 여기에 내려줬어.	He / dropped me off here.	[과거]
걔가 / 날 집에 내려줬어.	He / dropped me off at my house.	[과거]
걔가 / 날 공항에 내려줬어.	He / dropped me off at the airport.	[과거]

싸다 [패컵] pack up [pæk ʌp]

We / should pack everything up.	우리는 / 모든 것을 싸야 해.	[현재]
We / should pack these up.	우리는 / 이것들을 싸야 해.	[현재]
We / should pack our bag up.	우리는 / 우리의 가방을 싸야 해.	[현재]
We / should pack our stuff up.	우리는 / 우리의 물건을 싸야 해.	[현재]
우리는 / 모든 것을 싸야 해.	We / should pack everything up.	[현재]
우리는 / 이것들을 싸야 해.	We / should pack these up.	[현재]
우리는 / 우리의 가방을 싸야 해.	We / should pack our bag up.	[현재]
우리는 / 우리의 물건을 싸야 해.	We / should pack our stuff up.	[현재]

원래 영어는 주어 없으면 죽고 못 사는데, 명령문에서는 주어를 안 씁니다. 그만큼 강력한 표현인 거죠.

빼내다 [풀아웃] pull out [pul aut]

I / will pull you out.

I / will pull you out from the pit.

I / will pull you out of trouble.

I / will pull you out from the prison.

난 / 당신을 빼낼 거예요.

난 / 당신을 함정에서 빼낼 거예요.

난 / 당신을 곤경에서 빼낼 거예요.

난 / 당신을 감옥에서 빼낼 거예요.

난 / 당신을 빼낼 거예요. [미래]

난 / 당신을 함정에서 빼낼 거예요. [미래]

난 / 당신을 곤경에서 빼낼 거예요. [미래]

난 / 당신을 감옥에서 빼낼 거예요. [미래]

I / will pull you out. [미래]

I / will pull you out from the pit. [미래]

I / will pull you out of trouble. [미래]

I / will pull you out from the prison. [미래]

꺼내다, 빼다 [테이카웃] take out [teik aut]

/ Take this out.

/ Take your money out.

/ Take your card out.

/ Take your pen and pencil out.

/ 이거 꺼내라.

/ 네 돈을 빼.

/ 네 카드를 빼.

/ 네 펜과 연필을 꺼내라.

/ 이거 꺼내라. [현재]

/ 네 돈을 빼. [현재]

/ 네 카드를 빼. [현재]

/ 네 펜과 연필을 꺼내라. [현재]

/ Take this out. [현재]

/ Take your money out. [현재]

/ Take your card out. [현재]

/ Take your pen and pencil out. [현재]

가지고 들어가다 take in(to)

[테이킨(투)] [teik in(tuː)]

I / will take my laptop in. — 난 / 내 노트북을 가지고 들어갈 거야. [미래]

I / will take my laptop into my office. — 난 / 내 노트북을 사무실로 가지고 들어갈 거야. [미래]

I / will take this in. — 난 / 이걸 가지고 들어갈 거야. [미래]

I / will take my cell phone into my office. — 난 / 핸드폰을 사무실로 가지고 들어갈 거야. [미래]

난 / 내 노트북을 가지고 들어갈 거야. — I / will take my laptop in. [미래]

난 / 내 노트북을 사무실로 가지고 들어갈 거야. — I / will take my laptop into my office. [미래]

난 / 이걸 가지고 들어갈 거야. — I / will take this in. [미래]

난 / 핸드폰을 사무실로 가지고 들어갈 거야. — I / will take my cell phone into my office. [미래]

책임지다 take charge

[테잌촤지] [teik tʃɑːrdʒ]

Who / can take charge here? — 누가 / 여길 책임질 수 있니? [현재]

Can you / take charge? — 너 / 책임질 수 있어? [현재]

Did you / take charge? — 네가 / 책임졌어? [과거]

Will you / take charge? — 너 / 책임질 거니? [미래]

누가 / 여길 책임질 수 있니? — Who / can take charge here? [현재]

너 / 책임질 수 있어? — Can you / take charge? [현재]

네가 / 책임졌어? — Did you / take charge? [과거]

너 / 책임질 거니? — Will you / take charge? [미래]

오늘의 나는 어제의 내가 만든 것이다. -브라이언 트레이시

도로 가져가다 [테이킷 백] take it back [teik it bæk]

I / will take it back.	나 / 그거 도로 가져갈 거예요.	[미래]
I / will take you back.	나 / 당신을 도로 데려갈 거예요.	[미래]
I / will take my money back.	나 / 내 돈을 도로 가져갈 거예요.	[미래]
I / will take my card back.	난 / 내 카드를 도로 가져갈 거예요.	[미래]
나 / 그거 도로 가져갈 거예요.	I / will take it back.	[미래]
나 / 당신을 도로 데려갈 거예요.	I / will take you back.	[미래]
나 / 내 돈을 도로 가져갈 거예요.	I / will take my money back.	[미래]
난 / 내 카드를 도로 가져갈 거예요.	I / will take my card back.	[미래]

돌려주다 [리턴] return [ritə́:rn]

When are you / returning my pen?	당신 / 언제 내 펜을 돌려줄 건가요?	[미래]
I / will return your pen now.	난 / 지금 당신 펜을 돌려줄 거예요.	[미래]
I / will return your pen tomorrow.	난 / 내일 당신의 펜을 돌려줄 거예요.	[미래]
I / will return your pen a little later.	난 / 조금 있다가 당신의 펜을 돌려줄 거예요.	[미래]
당신 / 언제 내 펜을 돌려줄 건가요?	When are you / returning my pen?	[미래]
난 / 지금 당신 펜을 돌려줄 거예요.	I / will return your pen now.	[미래]
난 / 내일 당신의 펜을 돌려줄 거예요.	I / will return your pen tomorrow.	[미래]
난 / 조금 있다가 당신의 펜을 돌려줄 거예요.	I / will return your pen a little later.	[미래]

시원스쿨, 안 해봤으면 영어 어렵다고 말을 하지 마세요.^^

가지고 있다 [킵] keep [ki:p]

Can you / keep this?	너 / 이거 가지고 있을 수 있니?	[현재]
Can you / keep my key?	너 / 내 열쇠를 가지고 있을 수 있니?	[현재]
I / will keep this.	난 / 이것을 가지고 있을 거야.	[미래]
I / will keep your key.	난 / 네 열쇠를 가지고 있을 거야.	[미래]
너 / 이거 가지고 있을 수 있니?	Can you / keep this?	[현재]
너 / 내 열쇠를 가지고 있을 수 있니?	Can you / keep my key?	[현재]
난 / 이것을 가지고 있을 거야.	I / will keep this.	[미래]
난 / 네 열쇠를 가지고 있을 거야.	I / will keep your key.	[미래]

없애다, 억제하다 [일리머네잇] eliminate [ilímənèit]

Can this / eliminate the odor?	이게 / 그 냄새를 없앨 수 있겠어?	[현재]
This / can eliminate the odor.	이건 / 그 냄새를 없앨 수 있어.	[현재]
This / cannot eliminate the odor.	이건 / 그 냄새를 없앨 수 없어.	[현재]
They / might eliminate the odor.	그들은 / 그 냄새를 없앨지도 몰라.	[현재]
이게 / 그 냄새를 없앨 수 있겠어?	Can this / eliminate the odor?	[현재]
이건 / 그 냄새를 없앨 수 있어.	This / can eliminate the odor.	[현재]
이건 / 그 냄새를 없앨 수 없어.	This / cannot eliminate the odor.	[현재]
그들은 / 그 냄새를 없앨지도 몰라.	They / might eliminate the odor.	[현재]

여러분은 배우, 아래 예문은 여러분의 대사입니다.
웅얼거리지 말고 큰 소리로 외치세요!

제거하다, 치우다 [리무ㅂ] remove [rimúːv]

Can you / remove your car from here?	너 / 여기에서 네 차를 치울 수 있니?	[현재]
I / will remove my car now.	난 / 지금 내 차를 치울 것이다.	[미래]
I / will remove my car a little later.	난 / 조금 있다가 내 차를 치울 것이다.	[미래]
I / will remove it tomorrow.	난 / 내일 그것을 제거할 것이다.	[미래]
너 / 여기에서 네 차를 치울 수 있니?	Can you / remove your car from here?	[현재]
난 / 지금 내 차를 치울 것이다.	I / will remove my car now.	[미래]
난 / 조금 있다가 내 차를 치울 것이다.	I / will remove my car a little later.	[미래]
난 / 내일 그것을 제거할 것이다.	I / will remove it tomorrow.	[미래]

피 흘리다 [블리ㄷ] bleed [bliːd]

Is he / bleeding?	걔 / 피 흘리고 있어?	[진행]
He / is bleeding.	걔 / 피 흘리고 있어.	[진행]
He / is bleeding quite badly.	걔 / 꽤 심하게 피 흘리고 있어.	[진행]
I / shouldn't bleed anymore.	난 / 더 이상 피를 흘리면 안 돼.	[현재]
걔 / 피 흘리고 있어?	Is he / bleeding?	[진행]
걔 / 피 흘리고 있어.	He / is bleeding.	[진행]
걔 / 꽤 심하게 피 흘리고 있어.	He / is bleeding quite badly.	[진행]
난 / 더 이상 피를 흘리면 안 돼.	I / shouldn't bleed anymore.	[현재]

1초 안에 아래 예문들이 바로바로 튀어나오도록 연습하세요.

알아보다 [휘겨라웃] figure out [fígjər aut]

I / want to figure you out.

I / need to figure her out.

I / want to figure this out.

I / will figure this out.

나 / 너에 대해 알아보고 싶어.

나 / 그녀에 대해 알아볼 필요가 있어.

나 / 이걸 알아보고 싶어.

나 / 이걸 알아볼 거야.

나 / 너에 대해 알아보고 싶어. [현재]

나 / 그녀에 대해 알아볼 필요가 있어. [현재]

나 / 이걸 알아보고 싶어. [현재]

나 / 이걸 알아볼 거야. [미래]

I / want to figure you out. [현재]

I / need to figure her out. [현재]

I / want to figure this out. [현재]

I / will figure this out. [미래]

싸다 [팩] pack [pæk]

Are you / packing your bag?

I / am packing my bag.

I / am packing my bag a little later.

I / packed my bag in the morning.

/ 네 가방을 싸고 있니?

난 / 내 가방을 싸고 있어요.

난 / 조금 있다가 내 가방을 쌀 거예요.

나 / 아침에 내 가방을 쌌어.

/ 네 가방을 싸고 있니? [진행]

난 / 내 가방을 싸고 있어요. [진행]

난 / 조금 있다가 내 가방을 쌀 거예요. [미래]

나 / 아침에 내 가방을 쌌어. [과거]

Are you / packing your bag? [진행]

I / am packing my bag. [진행]

I / am packing my bag a little later. [미래]

I / packed my bag in the morning. [과거]

'영어는 원래 어렵다'라는 말을 믿는 순간 지는 겁니다.

(짐을) 풀다 [언팩] unpack [ʌ̀npǽk]

Did you / unpack it?

I / unpacked it.

I / didn't unpack it yet.

I / will unpack it later.

너 / 그 짐 풀었어?

난 / 그 짐 풀었어.

난 / 아직 짐을 풀지 않았어.

난 / 나중에 짐을 풀 거야.

너 / 그 짐 풀었어? [과거]

난 / 그 짐 풀었어. [과거]

난 / 아직 짐을 풀지 않았어. [과거]

난 / 나중에 짐을 풀 거야. [미래]

Did you / unpack it? [과거]

I / unpacked it. [과거]

I / didn't unpack it yet. [과거]

I / will unpack it later. [미래]

(짐을) 싣다 [로드] load [loud]

Did you / load your stuff?

Did you / load your stuff to the bus?

I / loaded my stuff.

I / loaded my stuff to the bus.

/ 당신 물건을 실었나요?

/ 버스에 당신 물건을 실었나요?

난 / 내 짐을 실었어요.

난 / 버스에 내 짐을 실었어요.

/ 당신 물건을 실었나요? [과거]

/ 버스에 당신 물건을 실었나요? [과거]

난 / 내 짐을 실었어요. [과거]

난 / 버스에 내 짐을 실었어요. [과거]

Did you / load your stuff? [과거]

Did you / load your stuff to the bus? [과거]

I / loaded my stuff. [과거]

I / loaded my stuff to the bus. [과거]

(짐을) 내리다 [언로드] **unload** [ʌnlóud]

Have you / unloaded your stuff?

I / have unloaded my stuff.

I / haven't unloaded my stuff.

I / have unloaded my bag.

/ 네 짐을 내린 적 있니?

난 / 내 짐을 내린 적 있어.

난 / 내 짐을 내린 적 없어.

난 / 내 가방을 내린 적 있어.

/ 네 짐을 내린 적 있니? [현재]

난 / 내 짐을 내린 적 있어. [현재]

난 / 내 짐을 내린 적 없어. [현재]

난 / 내 가방을 내린 적 있어. [현재]

Have you / unloaded your stuff? [현재]

I / have unloaded my stuff. [현재]

I / haven't unloaded my stuff. [현재]

I / have unloaded my bag. [현재]

궁금해 하다 [원더] **wonder** [wʌ́ndər]

I / wonder what you are doing.

I / wonder what he is doing.

I / wonder what you want.

I / wonder what they want.

난 / 네가 뭘 하고 있는지 궁금해.

난 / 그가 뭘 하고 있는지 궁금해.

난 / 네가 뭘 원하는지 궁금해.

난 / 그들이 뭘 원하는지 궁금해.

난 / 네가 뭘 하고 있는지 궁금해. [현재]

난 / 그가 뭘 하고 있는지 궁금해. [현재]

난 / 네가 뭘 원하는지 궁금해. [현재]

난 / 그들이 뭘 원하는지 궁금해. [현재]

I / wonder what you are doing. [현재]

I / wonder what he is doing. [현재]

I / wonder what you want. [현재]

I / wonder what they want. [현재]

영어 잘하고 싶은 분은 제게 전화하세요~

전화하다 [콜] call [kɔːl]

I / will call you later.

I / will call her tomorrow.

He / called me this morning.

He / called her last night.

내가 / 이따가 전화할게.

내가 / 내일 그녀에게 전화할게요.

그분이 / 오늘 아침에 전화를 하셨어요.

걔가 / 지난 밤에 그 애한테 전화했어요.

내가 / 이따가 전화할게. [미래]

내가 / 내일 그녀에게 전화할게요. [미래]

그분이 / 오늘 아침에 전화를 하셨어요. [과거]

걔가 / 지난 밤에 그 애한테 전화했어요. [과거]

I / will call you later. [미래]

I / will call her tomorrow. [미래]

He / called me this morning. [과거]

He / called her last night. [과거]

전화 받다 [게러 콜] get a call [get ə kɔːl]

I / 've got a call from my mom.

I / 've got a call from my boss.

He / has got a call from his landlord.

He / has got a call from her.

나 / 엄마한테 전화 왔었어.

나 / 우리 사장에게서 전화 왔었어.

걔 / 집주인에게 전화 왔었대.

걔 / 그녀에게 전화가 왔대.

나 / 엄마한테 전화 왔었어. [현재]

나 / 우리 사장에게서 전화 왔었어. [현재]

걔 / 집주인에게 전화 왔었대. [현재]

걔 / 그녀에게 전화가 왔대. [현재]

I / 've got a call from my mom. [현재]

I / 've got a call from my boss. [현재]

He / has got a call from his landlord. [현재]

He / has got a call from her. [현재]

fax가 동사라는 거 아셨습니까?

팩스를 보내다 [팩ㅅ] fax [fæks]

I / will fax this to you.

I / will fax this to everyone.

I / faxed this to you.

I / faxed this to everyone.

내가 / 이거 너한테 팩스로 보낼게.

내가 / 이거 모두에게 팩스로 보낼게.

나 / 이거 너에게 팩스로 보냈어.

나 / 이거 모두에게 팩스로 보냈어.

내가 / 이거 너한테 팩스로 보낼게.	[미래]
내가 / 이거 모두에게 팩스로 보낼게.	[미래]
나 / 이거 너에게 팩스로 보냈어.	[과거]
나 / 이거 모두에게 팩스로 보냈어.	[과거]
I / will fax this to you.	[미래]
I / will fax this to everyone.	[미래]
I / faxed this to you.	[과거]
I / faxed this to everyone.	[과거]

팩스를 받다 [게러 팩스] get a fax [get ə fæks]

I / 've got a fax.

I / haven't got a fax yet.

I / 've got a fax from HQ.

I / haven't got a fax from HQ.

나 / 팩스 받았어.

나 / 아직 팩스 못 받았어.

나 / 본사로부터 팩스 받았어.

나 / 본사로부터 팩스 못 받았어.

나 / 팩스 받았어.	[현재]
나 / 아직 팩스 못 받았어.	[현재]
나 / 본사로부터 팩스 받았어.	[현재]
나 / 본사로부터 팩스 못 받았어.	[현재]
I / 've got a fax.	[현재]
I / haven't got a fax yet.	[현재]
I / 've got a fax from HQ.	[현재]
I / haven't got a fax from HQ.	[현재]

메일 보내는 이메일, 예문으로 만나면 새롭습니다.

이메일을 보내다 [이메일] email [ímeil]

I / will email you later. — 내가 / 나중에 메일 보낼게. [미래]

I / will email you in 10 minutes. — 내가 / 10분 이따가 이메일 보낼게. [미래]

I / 've emailed you yesterday. — 내가 / 어제 이메일 보냈잖아. [현재]

I / 've emailed her last night. — 나 / 걔한테 어젯밤에 이메일 보냈거든. [현재]

내가 / 나중에 메일 보낼게. — I / will email you later. [미래]

내가 / 10분 이따가 이메일 보낼게. — I / will email you in 10 minutes. [미래]

내가 / 어제 이메일 보냈잖아. — I / 've emailed you yesterday. [현재]

나 / 걔한테 어젯밤에 이메일 보냈거든. — I / 've emailed her last night. [현재]

이메일을 받다 [게런 이메일] get an email [get ən ímeil]

I / 've got an email from my friend. — 나 / 친구한테서 메일 받았어. [현재]

I / 've got an email from Japan. — 나 / 일본에서 이메일이 왔어. [현재]

He / has got an email from his sister. — 걔 / 동생에게서 이메일이 왔대. [현재]

He / has got an email regarding this topic. — 걔 / 이 주제에 대해 이메일 받았대. [현재]

나 / 친구한테서 메일 받았어. — I / 've got an email from my friend. [현재]

나 / 일본에서 이메일이 왔어. — I / 've got an email from Japan. [현재]

걔 / 동생에게서 이메일이 왔대. — He / has got an email from his sister. [현재]

걔 / 이 주제에 대해 이메일 받았대. — He / has got an email regarding this topic. [현재]

요즘 중고생들 text란 동사를 빼고 하루를 보낼 수 없죠?

문자를 보내다 [텍스ㅌ] text [tekst]

Did you / text me?

I / 've texted you last night.

Will you / text me later?

I / will text you later.

너 / 문자 보냈니?

내가 / 어젯밤에 문자 보냈잖아.

/ 이따가 문자 보내 줄래?

내가 / 이따가 문자 할게.

너 / 문자 보냈니?	[과거]
내가 / 어젯밤에 문자 보냈잖아.	[현재]
/ 이따가 문자 보내 줄래?	[미래]
내가 / 이따가 문자 할게.	[미래]
Did you / text me?	[과거]
I / 've texted you last night.	[현재]
Will you / text me later?	[미래]
I / will text you later.	[미래]

문자를 받다 [게러 텍스ㅌ 메씨쥐] get a text message [get ə tekst mésidʒ]

I / 've got a text message.

I / 've got a text message from her.

I / 've got a text message from him.

He / has got a text message.

나 / 문자 받았어.

나 / 그녀한테 문자 받았어.

나 / 걔한테 문자 받았어.

걔 / 문자 받았대.

나 / 문자 받았어.	[현재]
나 / 그녀한테 문자 받았어.	[현재]
나 / 걔한테 문자 받았어.	[현재]
걔 / 문자 받았대.	[현재]
I / 've got a text message.	[현재]
I / 've got a text message from her.	[현재]
I / 've got a text message from him.	[현재]
He / has got a text message.	[현재]

Chapter

05

상태 · 기분 표현하기 1단계

pretty는 절대 '예쁘다'가 아닙니다!

'나는 간다'와 '나는 예쁘다'란 문장을 한 번 만들어 봅시다.

나는 = I, 간다 = go
나는 간다 = I go (이건 되는데)

나는 = I, 예쁘다 = pretty
나는 예쁘다 = I pretty (어, 이건 안 되네!)

왜 이런 차이가 생길까요?
사실 pretty는 '예쁜'이지, 절대로 '예쁘다'가 아니기 때문입니다.
'예쁘다'는 pretty가 아니고, be pretty입니다.

이렇게 배우면 문장을 만들 때 어순이 바뀌고 어쩌고가 없이
나는 / 예쁘다 → I / be pretty → I / am pretty
물은 / 뜨겁다 → Water / be hot → Water / is hot
이 되는 것입니다.

'be동사+형용사'를 처음부터 다시 외웁시다. 형용사를 동사화하여 외우는 것이 핵심 열쇠입니다. 형용사를 모두 동사화해서 외우면 편리하고 헷갈림을 완전하게 없앨 수 있습니다.

큰 소리로 떠들 준비, 되셨나요? 자, 갑시다!

좋다 [비 굿] be good [bi gud]

I / am good.

I / was good.

I / will be good.

I / can be good.

난 / 좋아.

난 / 좋았어.

난 / 좋을 거야.

난 / 좋을 수 있어.

난 / 좋아. [현재]

난 / 좋았어. [과거]

난 / 좋을 거야. [미래]

난 / 좋을 수 있어. [현재]

I / am good. [현재]

I / was good. [과거]

I / will be good. [미래]

I / can be good. [현재]

더 낫다 [비 베러] be better [bi bétər]

I / am better.

I / was better.

I / will be better.

I / can be better.

난 / 더 나아.

난 / 더 나았어.

난 / 더 나을 거야.

난 / 더 나을 수 있어.

난 / 더 나아. [현재]

난 / 더 나았어. [과거]

난 / 더 나을 거야. [미래]

난 / 더 나을 수 있어. [현재]

I / am better. [현재]

I / was better. [과거]

I / will be better. [미래]

I / can be better. [현재]

be okay, be all right 둘 다 괜찮아요.^^

괜찮다 [비 오케이] **be okay** [bi ɔkéi]

You / are okay.

You / were okay.

You / will be okay.

You / can be okay.

넌 / 괜찮아.

넌 / 괜찮았어.

넌 / 괜찮을 거야.

넌 / 괜찮을 수 있어.

넌 / 괜찮아. [현재]

넌 / 괜찮았어. [과거]

넌 / 괜찮을 거야. [미래]

넌 / 괜찮을 수 있어. [현재]

You / are okay. [현재]

You / were okay. [과거]

You / will be okay. [미래]

You / can be okay. [현재]

괜찮다 [비 올롸잇] **be all right** [bi ɔ:lráit]

You / are all right.

You / were all right.

You / will be all right.

You / can be all right.

넌 / 괜찮아.

넌 / 괜찮았어.

넌 / 괜찮을 거야.

넌 / 괜찮을 수 있어.

넌 / 괜찮아. [현재]

넌 / 괜찮았어. [과거]

넌 / 괜찮을 거야. [미래]

넌 / 괜찮을 수 있어. [현재]

You / are all right. [현재]

You / were all right. [과거]

You / will be all right. [미래]

You / can be all right. [현재]

묻지도 따지지도 말고 큰 소리로 읽어 주세요~

좋다 [비 파인]　be fine [bi fain]

You / are fine.

You / are not fine.

You / will be fine.

You / will not be fine.

넌 / 좋아.

넌 / 좋지 않아.

넌 / 좋을 거야.

넌 / 좋지 않을 거야.

넌 / 좋아. [현재]

넌 / 좋지 않아. [현재]

넌 / 좋을 거야. [미래]

넌 / 좋지 않을 거야. [미래]

You / are fine. [현재]

You / are not fine. [현재]

You / will be fine. [미래]

You / will not be fine. [미래]

나쁘다 [비 뱃]　be bad [bi bæd]

The condition / is bad.

The condition / is not bad.

The condition / will be bad.

The condition / can be bad.

그 상황은 / 나빠요.

그 상황은 / 나쁘지 않아요.

그 상황은 / 나쁠 거예요.

그 상황은 / 나쁠 수 있어요.

그 상황은 / 나빠요. [현재]

그 상황은 / 나쁘지 않아요. [현재]

그 상황은 / 나쁠 거예요. [미래]

그 상황은 / 나쁠 수 있어요. [현재]

The condition / is bad. [현재]

The condition / is not bad. [현재]

The condition / will be bad. [미래]

The condition / can be bad. [현재]

한국 대학생들 중에는 네이티브도 모르는 단어를
알고 있는 사람도 많습니다.

더 나쁘다 [비 월씨] be worse [bi wəːrs]

This / is worse.

This / was worse.

This / will be worse.

This situation / can be worse.

이게 / 더 나빠.

이게 / 더 나빴어.

이게 / 더 나쁠 거야.

이 상황은 / 더 나쁠 수 있어.

이게 / 더 나빠. [현재]

이게 / 더 나빴어. [과거]

이게 / 더 나쁠 거야. [미래]

이 상황은 / 더 나쁠 수 있어. [현재]

This / is worse. [현재]

This / was worse. [과거]

This / will be worse. [미래]

This situation / can be worse. [현재]

뜨겁다, 인기가 많다 [비 핫] be hot [bi hɑt]

This / is hot.

This / will be hot.

This / can be hot.

This album / will be hot.

이것은 / 뜨겁습니다.

이것은 / 뜨거울 거예요.

이것은 / 뜨거울 수 있어요.

이 앨범은 / 인기가 많을 거예요.

이것은 / 뜨겁습니다. [현재]

이것은 / 뜨거울 거예요. [미래]

이것은 / 뜨거울 수 있어요. [현재]

이 앨범은 / 인기가 많을 거예요. [미래]

This / is hot. [현재]

This / will be hot. [미래]

This / can be hot. [현재]

This album / will be hot. [미래]

차갑다 [비 콜드] be cold [bi kould]

Today / is cold.
Today / will be cold.
Today / can be cold.
Today / might be cold.
오늘은 / 추워요.
오늘은 / 추울 거예요.
오늘은 / 추울 수 있어요.
오늘은 / 추울지도 몰라요.

오늘은 / 추워요.		[현재]
오늘은 / 추울 거예요.		[미래]
오늘은 / 추울 수 있어요.		[현재]
오늘은 / 추울지도 몰라요.		[현재]
Today / is cold.		[현재]
Today / will be cold.		[미래]
Today / can be cold.		[현재]
Today / might be cold.		[현재]

시원시원하다, 시원하다 [비 쿨] be cool [bi ku:l]

He / is cool.
He / was cool.
I / am cool.
I / was cool.
그는 / 시원시원해요.
그는 / 시원시원했어요.
난 / 시원시원해요.
난 / 시원시원했어요.

그는 / 시원시원해요.		[현재]
그는 / 시원시원했어요.		[과거]
난 / 시원시원해요.		[현재]
난 / 시원시원했어요.		[과거]
He / is cool.		[현재]
He / was cool.		[과거]
I / am cool.		[현재]
I / was cool.		[과거]

전 〈무한도전〉 팬이에요^^

따뜻하다 [비 웜] be warm [bi wɔːrm]

Tokyo / is warm.

Tokyo / was warm.

Seoul / is warm in the spring.

Seoul / was warm in the spring.

도쿄는 / 따뜻해.

도쿄는 / 따뜻했어.

서울은 / 봄에 따뜻해.

서울은 / 봄에 따뜻했어.

도쿄는 / 따뜻해. [현재]

도쿄는 / 따뜻했어. [과거]

서울은 / 봄에 따뜻해. [현재]

서울은 / 봄에 따뜻했어. [과거]

Tokyo / is warm. [현재]

Tokyo / was warm. [과거]

Seoul / is warm in the spring. [현재]

Seoul / was warm in the spring. [과거]

지루하다 [비 보륑] be boring [bi bɔ́ːriŋ]

〈무한도전〉 / is boring.

〈무한도전〉 / is not boring.

〈무한도전〉 / was boring.

〈무한도전〉 / was not boring.

〈무한도전〉은 / 지루하다.

〈무한도전〉은 / 지루하지 않다.

〈무한도전〉은 / 지루했다.

〈무한도전〉은 / 지루하지 않았다.

〈무한도전〉은 / 지루하다. [현재]

〈무한도전〉은 / 지루하지 않다. [현재]

〈무한도전〉은 / 지루했다. [과거]

〈무한도전〉은 / 지루하지 않았다. [과거]

〈무한도전〉 / is boring. [현재]

〈무한도전〉 / is not boring. [현재]

〈무한도전〉 / was boring. [과거]

〈무한도전〉 / was not boring. [과거]

fun은 '즐기는' 것이고, funny는 <개그콘서트>처럼 '웃음을 주는' 것에 쓰여요.

재미있다 [비 펀] be fun [bi fʌn]

Is / it fun?
Yes, it / is fun.
No, it / isn't fun.
I / was fun before.
그거 / 재미있지?
응, 그거 / 재미있어.
아니, 그거 / 재미없어.
난 / 전에 재미있었다.

그거 / 재미있지? [현재]
응, 그거 / 재미있어. [현재]
아니, 그거 / 재미없어. [현재]
난 / 전에 재미있었다. [과거]
Is / it fun? [현재]
Yes, it / is fun. [현재]
No, it / isn't fun. [현재]
I / was fun before. [과거]

웃기다 [비 퍼니] be funny [bi fʌ́ni]

Do you / think this is funny?
I / think this is funny.
I / don't think this is funny.
I / think you are funny.
너 / 이것이 웃긴다고 생각해?
난 / 이것이 웃긴다고 생각해.
난 / 이것이 웃긴다고 생각하지 않아.
난 / 네가 웃긴다고 생각해.

너 / 이것이 웃긴다고 생각해? [현재]
난 / 이것이 웃긴다고 생각해. [현재]
난 / 이것이 웃긴다고 생각하지 않아. [현재]
난 / 네가 웃긴다고 생각해. [현재]
Do you / think this is funny? [현재]
I / think this is funny. [현재]
I / don't think this is funny. [현재]
I / think you are funny. [현재]

간략하다, 간결하다 [비 컨싸이ㅅ] — be concise [bi kənsáis]

Do you / think this is concise?
I / think this is concise.
I / think this is pretty concise.
I / don't think this is concise.
당신은 / 이것이 간결하다고 생각합니까?
난 / 이것이 간결하다고 생각합니다.
난 / 이것이 꽤 간결하다고 생각합니다.
난 / 이것이 간결하다고 생각하지 않습니다.

당신은 / 이것이 간결하다고 생각합니까? [현재]
난 / 이것이 간결하다고 생각합니다. [현재]
난 / 이것이 꽤 간결하다고 생각합니다. [현재]
난 / 이것이 간결하다고 생각하지 않습니다. [현재]
Do you / think this is concise? [현재]
I / think this is concise. [현재]
I / think this is pretty concise. [현재]
I / don't think this is concise. [현재]

단순하다 [비 씸플] — be simple [bi símpl]

Do you / think this will be simple?
I / think this will be simple.
I / think this will be pretty simple.
I / don't think this will be simple.
당신은 / 이것이 단순할 거라고 생각하나요?
난 / 이것이 단순할 거라고 생각해요.
난 / 이것이 꽤 단순할 거라고 생각해요.
난 / 이것이 단순할 거라고 생각하지 않아요.

당신은 / 이것이 단순할 거라고 생각하나요? [현재]
난 / 이것이 단순할 거라고 생각해요. [현재]
난 / 이것이 꽤 단순할 거라고 생각해요. [현재]
난 / 이것이 단순할 거라고 생각하지 않아요. [현재]
Do you / think this will be simple? [현재]
I / think this will be simple. [현재]
I / think this will be pretty simple. [현재]
I / don't think this will be simple. [현재]

복잡하다 be complicated

[비 컴플러케이릿] [bi kámpləkèitid]

Do you / think this will be complicated? 넌 / 이것이 복잡할 거라고 생각해? [현재]

I / think this will be complicated. 난 / 이것이 복잡할 거라고 생각해. [현재]

I / think this will be quite complicated. 난 / 이것이 꽤 복잡할 거라고 생각해. [현재]

I / don't think this will be complicated. 난 / 이것이 복잡할 거라고 생각하지 않아. [현재]

넌 / 이것이 복잡할 거라고 생각해? Do you / think this will be complicated? [현재]

난 / 이것이 복잡할 거라고 생각해. I / think this will be complicated. [현재]

난 / 이것이 꽤 복잡할 거라고 생각해. I / think this will be quite complicated. [현재]

난 / 이것이 복잡할 거라고 생각하지 않아. I / don't think this will be complicated. [현재]

붐비다, 복잡하다 be crowded

[비 쿠라우딧] [bi kráudid]

Do you / think Seoul will be crowded? 넌 / 서울이 복잡할 거라고 생각해? [현재]

I / think Seoul will be crowded today. 난 / 오늘 서울이 복잡할 거라고 생각해. [현재]

I / think Seoul will be quite crowded. 난 / 서울이 꽤 복잡할 거라고 생각해. [현재]

I / don't think Seoul will be crowded. 난 / 서울이 복잡할 거라고 생각하지 않아. [현재]

넌 / 서울이 복잡할 거라고 생각해? Do you / think Seoul will be crowded? [현재]

난 / 오늘 서울이 복잡할 거라고 생각해. I / think Seoul will be crowded today. [현재]

난 / 서울이 꽤 복잡할 거라고 생각해. I / think Seoul will be quite crowded. [현재]

난 / 서울이 복잡할 거라고 생각하지 않아. I / don't think Seoul will be crowded. [현재]

똑같다 [비 더쎄임]

be the same [bi ðə seim]

A and B / are the same.

They / are the same.

This / is the same.

This situation / is the same.

A와 B는 / 똑같아.

그들은 / 똑같아.

이것은 / 똑같아.

이 상황은 / 똑같아.

A와 B는 / 똑같아. [현재]

그들은 / 똑같아. [현재]

이것은 / 똑같아. [현재]

이 상황은 / 똑같아. [현재]

A and B / are the same. [현재]

They / are the same. [현재]

This / is the same. [현재]

This situation / is the same. [현재]

똑같다, 일치하다 [비 아이덴티컬]

be identical [bi aidéntikəl]

They / are identical.

They / were identical.

The fingerprints / were identical.

The footprints / were identical.

그들은 / 똑같아.

그들은 / 똑같았어.

그 지문은 / 일치했어.

그 발자국은 / 일치했어.

그들은 / 똑같아. [현재]

그들은 / 똑같았어. [과거]

그 지문은 / 일치했어. [과거]

그 발자국은 / 일치했어. [과거]

They / are identical. [현재]

They / were identical. [과거]

The fingerprints / were identical. [과거]

The footprints / were identical. [과거]

단, 제대로 큰 소리로 소리 내서 읽으면서요.

비슷하다 [비 시멀러] be similar [bi síməlǝr]

My situation / is similar.

My situation / was similar.

My situation / was pretty similar.

My situation / was quite similar.

내 경우는 / 비슷해.

내 경우는 / 비슷했어.

내 경우는 / 꽤 비슷했어.

내 경우는 / 확실히 비슷했어.

내 경우는 / 비슷해. [현재]

내 경우는 / 비슷했어. [과거]

내 경우는 / 꽤 비슷했어. [과거]

내 경우는 / 확실히 비슷했어. [과거]

My situation / is similar. [현재]

My situation / was similar. [과거]

My situation / was pretty similar. [과거]

My situation / was quite similar. [과거]

조용하다 [비 콰이엇] be quiet [bi kwaiət]

The room / was quiet.

The room / was pretty quiet.

The room / was absolutely quiet.

The room / was very quiet.

그 방은 / 조용했어.

그 방은 / 꽤 조용했어.

그 방은 / 완전 조용했어.

그 방은 / 매우 조용했어.

그 방은 / 조용했어. [과거]

그 방은 / 꽤 조용했어. [과거]

그 방은 / 완전 조용했어. [과거]

그 방은 / 매우 조용했어. [과거]

The room / was quiet. [과거]

The room / was pretty quiet. [과거]

The room / was absolutely quiet. [과거]

The room / was very quiet. [과거]

이 책으로 공부하면서는 제대로 be loud해 보세요!

시끄럽다 [비 라웃] be loud [bi laud]

He / was loud.

He / was so loud.

He / was very loud.

The room / was incredibly loud.

그는 / 시끄러웠어.

그는 / 정말 시끄러웠어.

그는 / 매우 시끄러웠어.

그 방은 / 완전 시끄러웠어.

그는 / 시끄러웠어. [과거]

그는 / 정말 시끄러웠어. [과거]

그는 / 매우 시끄러웠어. [과거]

그 방은 / 완전 시끄러웠어. [과거]

He / was loud. [과거]

He / was so loud. [과거]

He / was very loud. [과거]

The room / was incredibly loud. [과거]

징그럽다 [비 디스거스팅] be disgusting [bi disɡʌ́stiŋ]

The snake / is disgusting.

The snake / was so disgusting.

The snake / was absolutely disgusting.

The snake / was quite disgusting.

그 뱀은 / 징그러워.

그 뱀은 / 정말 징그러웠어.

그 뱀은 / 완전 징그러웠어.

그 뱀은 / 꽤 징그러웠어.

그 뱀은 / 징그러워. [현재]

그 뱀은 / 정말 징그러웠어. [과거]

그 뱀은 / 완전 징그러웠어. [과거]

그 뱀은 / 꽤 징그러웠어. [과거]

The snake / is disgusting. [현재]

The snake / was so disgusting. [과거]

The snake / was absolutely disgusting. [과거]

The snake / was quite disgusting. [과거]

구역질을 나게 하는 것은 be disgusting,
그래서 내가 구역질이 나는 것은 be disgusted를 씁니다.

구역질 나다 be disgusted

[비 디스거스팃] [bi disgʌ̀stid]

I / am disgusted.

I / was disgusted.

I / was disgusted by the situation.

I / was disgusted by her ambition.

나 / 구역질 나.

나 / 구역질 났어.

나 / 그 상황에 구역질이 났어.

나 / 그녀의 야망에 구역질이 났어.

나 / 구역질 나. [현재]

나 / 구역질 났어. [과거]

나 / 그 상황에 구역질이 났어. [과거]

나 / 그녀의 야망에 구역질이 났어. [과거]

I / am disgusted. [현재]

I / was disgusted. [과거]

I / was disgusted by the situation. [과거]

I / was disgusted by her ambition. [과거]

어렵다 be hard, be difficult

[비 하ㄷ, 비 디퍼컬ㅌ] [bi haːrd, bi dífəkʌ̀lt]

This / is hard.

This book / is hard.

This theory / is hard.

This system / is hard.

이건 / 어렵다.

이 책은 / 어렵다.

이 이론은 / 어렵다.

이 시스템은 / 어렵다.

이건 / 어렵다. [현재]

이 책은 / 어렵다. [현재]

이 이론은 / 어렵다. [현재]

이 시스템은 / 어렵다. [현재]

This / is hard. [현재]

This book / is hard. [현재]

This theory / is hard. [현재]

This system / is hard. [현재]

쉽다 [비 이지] be easy [bi í:zi]

This / is easy.

That / is not easy.

This curriculum / is easy.

This curriculum / is not easy.

이것은 / 쉽습니다.

그것은 / 쉽지 않습니다.

이 과정은 / 쉽습니다.

이 과정은 / 쉽지 않습니다.

이것은 / 쉽습니다. [현재]

그것은 / 쉽지 않습니다. [현재]

이 과정은 / 쉽습니다. [현재]

이 과정은 / 쉽지 않습니다. [현재]

This / is easy. [현재]

That / is not easy. [현재]

This curriculum / is easy. [현재]

This curriculum / is not easy. [현재]

이해할 만하다 [비 언더스탠더블] be understandable [bi ʌ̀ndərstǽndəbl]

This / is understandable.

This / was understandable.

This / can be understandable.

This / should be understandable.

이것은 / 이해할 만해요.

이것은 / 이해할 만했어요.

이것은 / 이해할 수 있을 만해요.

이것은 / 이해할 만해야 해요.

이것은 / 이해할 만해요. [현재]

이것은 / 이해할 만했어요. [과거]

이것은 / 이해할 수 있을 만해요. [현재]

이것은 / 이해할 만해야 해요. [현재]

This / is understandable. [현재]

This / was understandable. [과거]

This / can be understandable. [현재]

This / should be understandable. [현재]

또 한 과가 끝났습니다. 수고 많으셨습니다.
자기 자신에게 칭찬을 듬뿍 해 주세요!

받아들일 만하다 be acceptable

[비 억쎕터블] [bi əkséptəbl]

This / is acceptable.	이것은 / 받아들일 만해요.	[현재]
This / isn't acceptable.	이것은 / 받아들일 만하지 않아요.	[현재]
Your idea / is acceptable.	당신의 생각은 / 받아들일 만해요.	[현재]
Your idea / isn't acceptable.	당신의 생각은 / 받아들일 만하지 않아요.	[현재]
이것은 / 받아들일 만해요.	This / is acceptable.	[현재]
이것은 / 받아들일 만하지 않아요.	This / isn't acceptable.	[현재]
당신의 생각은 / 받아들일 만해요.	Your idea / is acceptable.	[현재]
당신의 생각은 / 받아들일 만하지 않아요.	Your idea / isn't acceptable.	[현재]

문제의 소지가 있다 be problematic

[비 프롸블러매틱] [bi prɑ̀bləmǽtik]

This / is problematic.	이것은 / 문제의 소지가 있다.	[현재]
This / can be problematic.	이것은 / 문제의 소지가 있을 수 있다.	[현재]
This part / can be problematic.	이 부분은 / 문제의 소지가 있을 수 있다.	[현재]
This line / can be problematic.	이 대사는 / 문제가 있을 수 있다.	[현재]
이것은 / 문제의 소지가 있다.	This / is problematic.	[현재]
이것은 / 문제의 소지가 있을 수 있다.	This / can be problematic.	[현재]
이 부분은 / 문제의 소지가 있을 수 있다.	This part / can be problematic.	[현재]
이 대사는 / 문제가 있을 수 있다.	This line / can be problematic.	[현재]

Chapter

06

상태 · 기분 표현하기 2단계

"너희 한국에는 맥도날드가 있니?"

중학교 때 온가족이 캐나다로 이민을 갔습니다. 남자아이들과는 운동을 하며 금방 친해질 수 있었습니다. 하지만 여자아이들은 대화를 통해 친해져야 했기 때문에 친해지는 속도가 매우 느렸습니다. 한번은 수영장에서 수영을 하고 있는데, 예쁘장한 백인 여자아이가 다가와서 말을 걸었습니다.

"너 어느 나라에서 왔니?"

"어, 한국에서 왔어."

그 아이는 말똥말똥한 눈으로 또 질문을 하였습니다.

"너희 한국에는 맥도날드가 있니?"

"한국 사람들도 자동차 타고 다니니?"

순간 자존심이 확 상했습니다. 생각 같아서는 이 무지한 캐나다 여자아이에게 단군으로부터 시작된 한민족의 빛나는 5천 년 역사와 삼국시대의 아름다운 절들과 석굴암, 그리고 세계 최초의 철갑선인 거북선, 거기에 OECD 가입국이며 UN 가입국이라고까지 설명하고 싶었지만, 제가 할 수 있는 답은 하나였습니다.

"어. 있어."

제 영어는 그런 것을 설명하기에는 한없이 짧았습니다.

국제화 시대, 영어공부 열심히 합시다!

오늘의 운세! 영어실력이 부쩍 늘게 될 하루입니다!

건강하다, 건강에 좋다 be healthy

[비 헬띠] [bi hélθi]

My mom / is healthy.

My mom / was healthy.

My mom / will be healthy.

Vitamin C / is healthy.

내 엄마는 / 건강해.

내 엄마는 / 건강했어.

내 엄마는 / 건강할 거야.

비타민 C는 / 건강에 좋아.

내 엄마는 / 건강해. [현재]

내 엄마는 / 건강했어. [과거]

내 엄마는 / 건강할 거야. [미래]

비타민 C는 / 건강에 좋아. [현재]

My mom / is healthy. [현재]

My mom / was healthy. [과거]

My mom / will be healthy. [미래]

Vitamin C / is healthy. [현재]

아프다 [비 씩] be sick [bi sik]

My dad / is sick.

My uncle / is sick.

My nephew / is sick.

My cousin / is sick.

내 아빠는 / 아파요.

내 삼촌은 / 아파요.

내 조카는 / 아파요.

내 사촌은 / 아파요.

내 아빠는 / 아파요. [현재]

내 삼촌은 / 아파요. [현재]

내 조카는 / 아파요. [현재]

내 사촌은 / 아파요. [현재]

My dad / is sick. [현재]

My uncle / is sick. [현재]

My nephew / is sick. [현재]

My cousin / is sick. [현재]

여러분, 아침식사 거르지 마세요.
배고프면 공부 안 되요~

아프다 [비 일] be ill [bi il]

My mom / is ill.

My mother-in-law / is ill.

My father-in-law / is ill.

My brother-in-law / is ill.

내 엄마는 / 아프셔.

내 장모님은 / 아프셔.

내 장인어른은 / 아프셔.

내 처남은 / 아파.

내 엄마는 / 아프셔. [현재]

내 장모님은 / 아프셔. [현재]

내 장인어른은 / 아프셔. [현재]

내 처남은 / 아파. [현재]

My mom / is ill. [현재]

My mother-in-law / is ill. [현재]

My father-in-law / is ill. [현재]

My brother-in-law / is ill. [현재]

배고프다 [비 헝그뤼] be hungry [bi hʌ́ŋgri]

Are / you hungry?

I / am hungry.

I / am a little hungry.

I / was hungry, but I'm not now.

/ 배고프니?

난 / 배고파요.

난 / 조금 배고파요.

난 / 배고팠는데, 지금은 안 고파.

/ 배고프니? [현재]

난 / 배고파요. [현재]

난 / 조금 배고파요. [현재]

난 / 배고팠는데, 지금은 안 고파. [과거]

Are / you hungry? [현재]

I / am hungry. [현재]

I / am a little hungry. [현재]

I / was hungry, but I'm not now. [과거]

하지만 너무 배불러도 잠이 와 버리죠.^^;;

꽉 차다, 배부르다 [비 풀] be full [bi ful]

Are / you full?

I / am full.

I / am quite full.

I / am very full.

/ 배부르니?

난 / 배불러.

난 / 꽤 배불러.

난 / 매우 배불러.

/ 배부르니? [현재]

난 / 배불러. [현재]

난 / 꽤 배불러. [현재]

난 / 매우 배불러. [현재]

Are / you full? [현재]

I / am full. [현재]

I / am quite full. [현재]

I / am very full. [현재]

비어 있다 [비 엠티] be empty [bi émpti]

Is / your gas tank empty?

My gas tank / is empty.

My gas tank / is quite empty.

My gas tank / isn't empty.

당신의 연료통이 / 비어 있습니까?

내 연료통은 / 비어 있습니다.

내 연료통은 / 완전히 비어 있습니다.

내 연료통은 / 비어 있지 않습니다.

당신의 연료통이 / 비어 있습니까? [현재]

내 연료통은 / 비어 있습니다. [현재]

내 연료통은 / 완전히 비어 있습니다. [현재]

내 연료통은 / 비어 있지 않습니다. [현재]

Is / your gas tank empty? [현재]

My gas tank / is empty. [현재]

My gas tank / is quite empty. [현재]

My gas tank / isn't empty. [현재]

중학교 시험에 자주 출제되던 exciting과 excited의
구별 문제, 요즘에도 나오나요?

재미있다 be exciting

[비 익싸이링] [bi iksáitiŋ]

Was / the movie exciting?	그 영화 / 재미있었어?	[과거]
It / was exciting.	그거 / 재미있었어요.	[과거]
It / was quite exciting.	그거 / 꽤 재미있었어요.	[과거]
It / was pretty exciting.	그거 / 참 재미있었어요.	[과거]
그 영화 / 재미있었어?	Was / the movie exciting?	[과거]
그거 / 재미있었어요.	It / was exciting.	[과거]
그거 / 꽤 재미있었어요.	It / was quite exciting.	[과거]
그거 / 참 재미있었어요.	It / was pretty exciting.	[과거]

흥분되다 be excited

[비 익싸이릿] [bi iksáitid]

Are / you excited?	너 / 흥분되니?	[현재]
I / am excited.	난 / 흥분돼.	[현재]
Were / you excited?	너 / 흥분됐었니?	[과거]
I / was excited.	난 / 흥분되었어.	[과거]
너 / 흥분되니?	Are / you excited?	[현재]
난 / 흥분돼.	I / am excited.	[현재]
너 / 흥분됐었니?	Were / you excited?	[과거]
난 / 흥분되었어.	I / was excited.	[과거]

잘 아시는 I am glad to meet you.
(너를 만나서 반갑다)의 친구문장들이에요.

기쁘다 [비 글랫] be glad [bi glæd]

Are / you glad to work with me?

I / am glad to work with you.

I / am glad to have my own car.

I / am glad to have you.

너 / 나와 일해서 기쁘니?

나 / 너와 일해서 기뻐.

난 / 내 소유의 차가 있어서 기뻐.

난 / 네가 있어서 기뻐.

너 / 나와 일해서 기쁘니? [현재]

나 / 너와 일해서 기뻐. [현재]

난 / 내 소유의 차가 있어서 기뻐. [현재]

난 / 네가 있어서 기뻐. [현재]

Are / you glad to work with me? [현재]

I / am glad to work with you. [현재]

I / am glad to have my own car. [현재]

I / am glad to have you. [현재]

행복하다 [비 해피] be happy [bi hǽpi]

Are / you truly happy?

I / am truly happy.

I / am not truly happy.

I / was happy.

너 / 정말로 행복해?

나 / 정말로 행복해.

나 / 정말로 행복하지 않아.

난 / 행복했어요.

너 / 정말로 행복해? [현재]

나 / 정말로 행복해. [현재]

나 / 정말로 행복하지 않아. [현재]

난 / 행복했어요. [과거]

Are / you truly happy? [현재]

I / am truly happy. [현재]

I / am not truly happy. [현재]

I / was happy. [과거]

심심하다 [비 보어ㄷ] be bored [bi bɔːrd]

Are / you bored?

Were / you bored?

I / am bored.

I / was bored.

(너) / 심심하니?

(넌) / 심심했니?

난 / 심심해.

난 / 심심했어.

(너) / 심심하니? [현재]

(넌) / 심심했니? [과거]

난 / 심심해. [현재]

난 / 심심했어. [과거]

Are / you bored? [현재]

Were / you bored? [과거]

I / am bored. [현재]

I / was bored. [과거]

고지식하다 [비 스터번] be stubborn [bi stʌ́bərn]

Is / he stubborn?

Was / he stubborn?

He / is stubborn.

He / was quite stubborn.

걘 / 고지식하니?

걘 / 고지식했니?

걘 / 고지식해.

걘 / 많이 고지식했어.

걘 / 고지식하니? [현재]

걘 / 고지식했니? [과거]

걘 / 고지식해. [현재]

걘 / 많이 고지식했어. [과거]

Is / he stubborn? [현재]

Was / he stubborn? [과거]

He / is stubborn. [현재]

He / was quite stubborn. [과거]

궁금하다 be curious

[비 큐뤄어ㅅ] [bi kjú(:)əriəs]

Are / you curious?

Were / you curious?

I / am curious.

I / was curious.

(너) / 궁금하니?

(너) / 궁금했니?

난 / 궁금해.

난 / 궁금했어.

(너) / 궁금하니?	[현재]
(너) / 궁금했니?	[과거]
난 / 궁금해.	[현재]
난 / 궁금했어.	[과거]
Are / you curious?	[현재]
Were / you curious?	[과거]
I / am curious.	[현재]
I / was curious.	[과거]

놀라다 be surprised

[비 써프롸이즈ㄷ] [bi sərpráizd]

Are / you surprised?

Were / you surprised?

I / am surprised.

I / was surprised.

(너) / 놀랐니?

(너) / 놀랐었니?

난 / 놀랐어.

난 / 놀랐었어.

(너) / 놀랐니?	[현재]
(너) / 놀랐었니?	[과거]
난 / 놀랐어.	[현재]
난 / 놀랐었어.	[과거]
Are / you surprised?	[현재]
Were / you surprised?	[과거]
I / am surprised.	[현재]
I / was surprised.	[과거]

할 수 있다고 생각하는 사람은 할 수 있다. -노먼 필 박사

놀라다, 충격받다 be shocked

[비 쇽트] [bi ʃɔkt]

Are / you shocked?	(너) / 놀랐니?	[현재]
Were / you shocked?	(너) / 놀랐었니?	[과거]
I / am shocked.	난 / 충격받았어.	[현재]
I / was shocked.	난 / 충격받았었어.	[과거]
(너) / 놀랐니?	Are / you shocked?	[현재]
(너) / 놀랐었니?	Were / you shocked?	[과거]
난 / 충격받았어.	I / am shocked.	[현재]
난 / 충격받았었어.	I / was shocked.	[과거]

놀라다 be amazed

[비 어메이즈ㄷ] [bi əméizd]

We / are amazed by their show.	우리는 / 그들의 쇼에 놀랐다.	[현재]
We / were amazed by their show.	우리는 / 그들의 쇼에 놀랐었어.	[과거]
We / were amazed by the work of God.	우리는 / 하나님의 역사에 놀랐었어.	[과거]
We / were amazed by her beauty.	우리는 / 그녀의 아름다움에 놀랐었어.	[과거]
우리는 / 그들의 쇼에 놀랐다.	We / are amazed by their show.	[현재]
우리는 / 그들의 쇼에 놀랐었어.	We / were amazed by their show.	[과거]
우리는 / 하나님의 역사에 놀랐었어.	We / were amazed by the work of God.	[과거]
우리는 / 그녀의 아름다움에 놀랐었어.	We / were amazed by her beauty.	[과거]

짜증나다 be frustrated

[비 프뤄스트뤠이릿] [bi frʌ́strèitid]

Are / you frustrated?
Why are / you frustrated?
I / am frustrated.
I / am frustrated because of you.
(너) / 짜증나니?
(너) / 왜 짜증내?
나 / 짜증나.
난 / 너 땜에 짜증나.

(너) / 짜증나니?	[현재]
(너) / 왜 짜증내?	[현재]
나 / 짜증나.	[현재]
난 / 너 땜에 짜증나.	[현재]
Are / you frustrated?	[현재]
Why are / you frustrated?	[현재]
I / am frustrated.	[현재]
I / am frustrated because of you.	[현재]

힘을 받다 be energized

[비 에너자이즈ㄷ] [bi ɛ́nərʒaizd]

I / am energized by your comment.
I / was energized by your evaluation.
I / was energized by your support.
We / were energized by your support.
난 / 너의 의견에 힘을 받아.
난 / 너의 평가에 힘을 받았어.
난 / 너의 지지에 힘을 받았어.
우리는 / 너의 지지에 힘을 받았어.

난 / 너의 의견에 힘을 받아.	[현재]
난 / 너의 평가에 힘을 받았어.	[과거]
난 / 너의 지지에 힘을 받았어.	[과거]
우리는 / 너의 지지에 힘을 받았어.	[과거]
I / am energized by your comment.	[현재]
I / was energized by your evaluation.	[과거]
I / was energized by your support.	[과거]
We / were energized by your support.	[과거]

왜 영어를 공부하시나요? 중간중간 자신의 목표를 체크해 보세요.

돈을 받다 [비 페잇]

be paid [bi peid]

I / am paid in cash.

I / was paid in cash.

I / am paid by a wire-transfer.

I / was paid by a wire-transfer.

난 / 현금으로 돈을 받아.

난 / 현금으로 돈을 받았어.

난 / 전신 송금으로 돈을 받아.

난 / 전신 송금으로 돈을 받았어.

난 / 현금으로 돈을 받아. [현재]

난 / 현금으로 돈을 받았어. [과거]

난 / 전신 송금으로 돈을 받아. [현재]

난 / 전신 송금으로 돈을 받았어. [과거]

I / am paid in cash. [현재]

I / was paid in cash. [과거]

I / am paid by a wire-transfer. [현재]

I / was paid by a wire-transfer. [과거]

놀라다 [비 패럴라이즈ㄷ]

be paralyzed [bi pærəlaizd]

The tourists / were paralyzed.

The tourists / were paralyzed by the tiger.

The tourists / were paralyzed by the news.

We / were paralyzed by the show.

관광객들은 / 놀랐어.

관광객들은 / 호랑이 때문에 놀랐어.

관광객들은 / 그 뉴스 때문에 놀랐어.

우리는 / 그 쇼 때문에 놀랐어.

관광객들은 / 놀랐어. [과거]

관광객들은 / 호랑이 때문에 놀랐어. [과거]

관광객들은 / 그 뉴스 때문에 놀랐어. [과거]

우리는 / 그 쇼 때문에 놀랐어. [과거]

The tourists / were paralyzed. [과거]

The tourists / were paralyzed by the tiger. [과거]

The tourists / were paralyzed by the news. [과거]

We / were paralyzed by the show. [과거]

세 번 외치기! "영어, 니가 별 거냐? 내가 차근차근 정복해 주리라!"

영항 받다 be influenced

[비 인플루언쓰ㅌ] [bi ínfluənst]

I / was influenced by my mom. — 난 / 엄마에게 영향을 받았어. [과거]

My mom / was influenced by my grandmother. — 엄마는 / 할머니에게 영향을 받았어. [과거]

My grandmother / was influenced by my grandfather. — 할머니는 / 할아버지에게 영향을 받았어. [과거]

He / was influenced by Jesus. — 그 분은 / 예수님께 영향을 받았어. [과거]

난 / 엄마에게 영향을 받았어. — I / was influenced by my mom. [과거]

엄마는 / 할머니에게 영향을 받았어. — My mom / was influenced by my grandmother. [과거]

할머니는 / 할아버지에게 영향을 받았어. — My grandmother / was influenced by my grandfather. [과거]

그 분은 / 예수님께 영향을 받았어. — He / was influenced by Jesus. [과거]

관심 있다, 흥미 있다 be interested in

[비 인터레스터딘] [bi íntərəstəd in]

Are / you interested in me? — (너) / 나한테 관심 있니? [현재]

Are / you interested in her? — (너) / 그녀에게 관심 있니? [현재]

I / am interested in you. — 난 / 너에게 관심 있어. [현재]

I / am interested in this book. — 난 / 이 책에 흥미 있어. [현재]

(너) / 나한테 관심 있니? — Are / you interested in me? [현재]

(너) / 그녀에게 관심 있니? — Are / you interested in her? [현재]

난 / 너에게 관심 있어. — I / am interested in you. [현재]

난 / 이 책에 흥미 있어. — I / am interested in this book. [현재]

평가받다 be evaluated

[비 이밸류에이릿] [bi ivæljueitid]

You / will be evaluated by your work. 넌 / 너의 일로 평가받을 거야. [미래]

You / will be evaluated by your attitude. 넌 / 너의 태도로 평가받을 거야. [미래]

You / will be evaluated by your performance. 넌 / 너의 실적으로 평가받을 거야. [미래]

You / will be evaluated by your looks. 넌 / 너의 모습으로 평가받을 거야. [미래]

넌 / 너의 일로 평가받을 거야. You / will be evaluated by your work. [미래]

넌 / 너의 태도로 평가받을 거야. You / will be evaluated by your attitude. [미래]

넌 / 너의 실적으로 평가받을 거야. You / will be evaluated by your performance. [미래]

넌 / 너의 모습으로 평가받을 거야. You / will be evaluated by your looks. [미래]

유혹을 받다 be seduced

[비 쌔듀쓰ㅌ] [bi sædjust]

The boy / was seduced. 소년은 / 유혹을 받았어. [과거]

The gentleman / was seduced. 신사는 / 유혹을 받았어. [과거]

The old man / was seduced. 노인은 / 유혹을 받았어. [과거]

The young man / was seduced. 젊은이는 / 유혹을 받았어. [과거]

소년은 / 유혹을 받았어. The boy / was seduced. [과거]

신사는 / 유혹을 받았어. The gentleman / was seduced. [과거]

노인은 / 유혹을 받았어. The old man / was seduced. [과거]

젊은이는 / 유혹을 받았어. The young man / was seduced. [과거]

대우받다 be treated

[비 트뤼릿] [bi trítid]

I / am treated well.	난 / 대우를 잘 받아.	[현재]
He / is treated well.	그는 / 대우를 잘 받아.	[현재]
I / was treated poorly.	난 / 초라하게 대우받았어.	[과거]
He / was treated poorly.	그는 / 초라하게 대우받았어.	[과거]
난 / 대우를 잘 받아.	I / am treated well.	[현재]
그는 / 대우를 잘 받아.	He / is treated well.	[현재]
난 / 초라하게 대우받았어.	I / was treated poorly.	[과거]
그는 / 초라하게 대우받았어.	He / was treated poorly.	[과거]

헷갈리다 be confused

[비 컨퓨즈ㄷ] [bi kənfjú:zd]

I / am confused.	난 / 헷갈려.	[현재]
I / was confused.	난 / 헷갈렸어.	[과거]
I / was confused by the many choices.	난 / 많은 선택들 때문에 헷갈렸어.	[과거]
I / was confused by the many different choices.	난 / 많은 다른 선택들 때문에 헷갈렸어.	[과거]
난 / 헷갈려.	I / am confused.	[현재]
난 / 헷갈렸어.	I / was confused.	[과거]
난 / 많은 선택들 때문에 헷갈렸어.	I / was confused by the many choices.	[과거]
난 / 많은 다른 선택들 때문에 헷갈렸어.	I / was confused by the many different choices.	[과거]

'~를 졸업하다'는 graduate from과 be graduated from이 둘 다 쓰여요.

도전을 받다 [비 챌린짓]

be challenged [bi tʃǽlinʒid]

I / am challenged.	난 / 도전을 받아.	[현재]
I / am challenged by you.	난 / 너에게 도전을 받아.	[현재]
I / was challenged by you.	난 / 너에게 도전을 받았어.	[과거]
I / will be challenged.	난 / 도전을 받을 거야.	[미래]
난 / 도전을 받아.	I / am challenged.	[현재]
난 / 너에게 도전을 받아.	I / am challenged by you.	[현재]
난 / 너에게 도전을 받았어.	I / was challenged by you.	[과거]
난 / 도전을 받을 거야.	I / will be challenged.	[미래]

졸업하다 [비 그래줘에잇팃 프럼]

be graduated from [bi grǽdʒəwèitid frəm]

I / was graduated from M University.	나는 / M 대학교를 졸업했어.	[과거]
He / was graduated from S University.	그는 / S 대학교를 졸업했어.	[과거]
I / was graduated from 구룡중학교.	난 / 구룡중학교를 졸업했어.	[과거]
I / was graduated from 개원초등학교.	난 / 개원초등학교를 졸업했어.	[과거]
나는 / M 대학교를 졸업했어.	I / was graduated from M University.	[과거]
그는 / S 대학교를 졸업했어.	He / was graduated from S University.	[과거]
난 / 구룡중학교를 졸업했어.	I / was graduated from 구룡중학교.	[과거]
난 / 개원초등학교를 졸업했어.	I / was graduated from 개원초등학교.	[과거]

희생하다 be sacrificed

[비 쌔크뤼파이스ㅌ] [bi sǽkrifaist]

Jesus / **was sacrificed** on the cross. 예수님은 / 십자가 위에서 희생하셨다. [과거]

He / **was sacrificed** for us. 그는 / 우릴 위해 희생하셨다. [과거]

He / **was sacrificed** for our sins. 그는 / 우리의 죄로 희생하셨다. [과거]

He / **was sacrificed** for the world. 그는 / 세상을 위해 희생하셨다. [과거]

예수님은 / 십자가 위에서 희생하셨다. Jesus / **was sacrificed** on the cross. [과거]

그는 / 우릴 위해 희생하셨다. He / **was sacrificed** for us. [과거]

그는 / 우리의 죄로 인해 희생하셨다. He / **was sacrificed** for our sins. [과거]

그는 / 세상을 위해 희생하셨다. He / **was sacrificed** for the world. [과거]

없어지다, 사라지다 be banished

[비 배니쉬ㅌ] [bi bæniʃt]

Someday, I / **will be banished**. 언젠가 난 / 없어질 거야. [미래]

Someday, my flesh / **will be banished**. 언젠가 내 육체는 / 없어질 거야. [미래]

Someday, my friends / **will be banished**. 언젠가 내 친구들은 / 없어질 거야. [미래]

However, the Word / **will not be banished**. 그러나 그 말은 / 없어지지 않을 거야. [미래]

언젠가 난 / 없어질 거야. Someday, I / **will be banished**. [미래]

언젠가 내 육체는 / 없어질 거야. Someday, my flesh / **will be banished**. [미래]

언젠가 내 친구들은 / 없어질 거야. Someday, my friends / **will be banished**. [미래]

그러나 그 말은 / 없어지지 않을 거야. However, the Word / **will not be banished**. [미래]

Chapter

07

맛 · 조리동작 표현하기

우리의 삶은 고통보다 훨씬 큽니다!

어제 어떤 기념품 파는 가게에 들어갔는데, 기념품에 새겨진 문구가 마음에 너무 와닿아서 사지 않을 수가 없었어요.

God allows rainy days so that the farmers could do their house work.
(하나님은 비가 오는 날을 허락하심으로 농부들이 자신의 집안일을 할 수 있게 하였다.)

사실 우리는 모두 힘든 시기를 겪습니다. 한 명, 한 명 그 종류가 다를 뿐, 단 한 사람도 예외 없이 고통의 시간을 지냅니다. 하지만 지나간 수없이 많은 고통들을 되돌아보면 우리는 알 수 있습니다. 그 어떠한 고통도 우리의 삶보다는 크지 않다는 것을 말입니다. 그 당시에는 너무나 엄청났던 고통들이 어느새 언제 그랬나 싶을 정도로 잊혀져 있습니다. **지금의 힘든 고통도 모두 예전의 수없이 많았던 그 고통들처럼 지나갈 것이고, 결국은 잊혀질 것입니다.** 지금 우리의 삶에 내리는 비는 해가 쨍쨍 날 때를 대비하며 준비해야 할 시간을 마련해 주는 존재가 아닌가 싶습니다.

'맛있다'는 be good이면 충분합니다.

맛있다 [비 굿, 비 딜리셔스]

be good, be delicious [bi gud, dilíʃəs]

This / is good.

It / was good.

The breakfast / was good.

The breakfast / was delicious.

이거 / 맛있어.

그거 / 맛있었어.

아침식사 / 맛있었어.

아침식사 / 맛있었어.

이거 / 맛있어. [현재]

그거 / 맛있었어. [과거]

아침식사 / 맛있었어. [과거]

아침식사 / 맛있었어. [과거]

This / is good. [현재]

It / was good. [과거]

The breakfast / was good. [과거]

The breakfast / was delicious. [과거]

달콤하다 [비 수윗]

be sweet [bi swi:t]

This / is sweet.

This / is too sweet.

This / is pretty sweet.

This / can be sweet for you.

이건 / 달콤해.

이건 / 너무 달콤해.

이건 / 아주 달콤해.

이건 / 너한테 달 수도 있어.

이건 / 달콤해. [현재]

이건 / 너무 달콤해. [현재]

이건 / 아주 달콤해. [현재]

이건 / 너한테 달 수도 있어. [현재]

This / is sweet. [현재]

This / is too sweet. [현재]

This / is pretty sweet. [현재]

This / can be sweet for you. [현재]

sour의 발음에 주의하세요. '쏘우어'가 아니에요.

뜨겁다, 맵다 [비 핫] be hot [bi hɑt]

This / is hot.

This / is hot for me.

This / can be hot for me.

This / will be hot for you.

이거 / 뜨거워.

이건 / 나한테는 뜨거워.

이건 / 나한테는 매울 수 있어.

이건 / 너한테 매울 거야.

이거 / 뜨거워. [현재]

이건 / 나한테는 뜨거워. [현재]

이건 / 나한테는 매울 수 있어. [현재]

이건 / 너한테 매울 거야. [미래]

This / is hot. [현재]

This / is hot for me. [현재]

This / can be hot for me. [현재]

This / will be hot for you. [미래]

시다 [비 싸우어] be sour [bi sauər]

This / is sour.

This orange / is sour.

This orange / isn't so sour.

This sauce / is sour.

이건 / 셔.

이 오렌지는 / 셔.

이 오렌지는 / 아주 시지 않아.

이 양념은 / 셔.

이건 / 셔. [현재]

이 오렌지는 / 셔. [현재]

이 오렌지는 / 아주 시지 않아. [현재]

이 양념은 / 셔. [현재]

This / is sour. [현재]

This orange / is sour. [현재]

This orange isn't so sour. [현재]

This sauce / is sour. [현재]

한국음식은 외국인들 입맛에 좀 spicy한 편이에요.

짜다 [비 썰티] be salty [bi sɔ́:lti]

This / is salty.

This / has some salt in it.

This / has too much salt in it.

This / has a little salt in it.

이건 / 짜.

이건 / 조금 짜.

이건 / 너무 많이 짜.

이건 / 조금 짜.

이건 / 짜. [현재]

이건 / 조금 짜. [현재]

이건 / 너무 많이 짜. [현재]

이건 / 조금 짜. [현재]

This / is salty. [현재]

This / has some salt in it. [현재]

This / has too much salt in it. [현재]

This / has a little salt in it. [현재]

향이 강하다, 맵다 [비 스파이씨] be spicy [bi spáisi]

Korean food / is very spicy.

Indian food / is very spicy.

Mexican food / is very spicy.

Japanese food / isn't spicy at all.

한국음식은 / 아주 맵다.

인도음식은 / 매우 향이 강하다.

멕시코음식은 / 아주 맵다.

일본음식은 / 전혀 향이 강하지 않다.

한국음식은 / 아주 맵다. [현재]

인도음식은 / 매우 향이 강하다. [현재]

멕시코음식은 / 아주 맵다. [현재]

일본 음식은 / 전혀 향이 강하지 않다. [현재]

Korean food / is very spicy. [현재]

Indian food / is very spicy. [현재]

Mexican food / is very spicy. [현재]

Japanese food / isn't spicy at all. [현재]

'차우더(chowder)'는 조개 등의 해산물에 야채를 넣고 걸쭉하게 끓인 해산물 스프의 일종입니다.

묽다 [비 워뤄리] be watery [bi wɔ́ːtəri]

This / is watery. 이건 / 묽어. [현재]

This soup / is watery. 이 수프는 / 묽어. [현재]

This curry / is watery. 이 카레는 / 묽어. [현재]

This chowder / is too watery. 이 차우더는 / 너무 묽어. [현재]

이건 / 묽어. This / is watery. [현재]

이 수프는 / 묽어. This soup / is watery. [현재]

이 카레는 / 묽어. This curry / is watery. [현재]

이 차우더는 / 너무 묽어. This chowder / is too watery. [현재]

진하다 [비 띡] be thick [bi θik]

This / is pretty thick. 이건 / 많이 진해. [현재]

This soup / is pretty thick. 이 수프는 / 많이 진해. [현재]

This curry / is pretty thick. 이 카레는 / 많이 진해. [현재]

This chowder / is pretty thick. 이 차우더는 / 많이 진해. [현재]

이건 / 많이 진해. This / is pretty thick. [현재]

이 수프는 / 많이 진해. This soup / is pretty thick. [현재]

이 카레는 / 많이 진해. This curry / is pretty thick. [현재]

이 차우더는 / 많이 진해. This chowder / is pretty thick. [현재]

요리 표현은 먹고 사는 데 있어 아주 절실한 표현입니다.

얼리다 [프뤼ㅈ] freeze [fri:z]

Can you / freeze the juice?

I / will freeze it.

I / will freeze the cola.

I / will freeze the water.

/ 주스를 얼려 주실래요?

난 / 그걸 얼릴 거야.

난 / 콜라를 얼릴 거야.

난 / 물을 얼릴 거야.

/ 주스를 얼려 주실래요? [현재]

난 / 그걸 얼릴 거야. [미래]

난 / 콜라를 얼릴 거야. [미래]

난 / 물을 얼릴 거야. [미래]

Can you / freeze the juice? [현재]

I / will freeze it. [미래]

I / will freeze the cola. [미래]

I / will freeze the water. [미래]

끓이다 [보일] boil [bɔil]

Did you / boil the water for the 라면?

I / boiled the water for the 라면.

I / boiled the water for the spaghetti.

I / didn't boil the water for you.

(넌) / 라면 물을 끓였니?

난 / 라면 물을 끓였어.

난 / 스파게티 물을 끓였어.

난 / 너를 위해 물을 끓이지 않았어.

(넌) / 라면 물을 끓였니? [과거]

난 / 라면 물을 끓였어. [과거]

난 / 스파게티 물을 끓였어. [과거]

난 / 너를 위해 물을 끓이지 않았어. [과거]

Did you / boil the water for the 라면? [과거]

I / boiled the water for the 라면. [과거]

I / boiled the water for the spaghetti. [과거]

I / didn't boil the water for you. [과거]

수동형 표현은 늘 어렵다고요? 능동과 수동은 결국 뭘 강조하느냐의 문제죠.

끓다 [비 보일드] **be boiled** [bi bɔild]

The water / was boiled.	그 물은 / 끓었다.	[과거]
The soup / was boiled.	그 수프는 / 끓었다.	[과거]
The stew / was boiled.	찌개는 / 끓었다.	[과거]
The water / will be boiled for 3 minutes.	그 물은 / 3분 동안 끓을 것이다.	[미래]
그 물은 / 끓었다.	The water / was boiled.	[과거]
그 수프는 / 끓었다.	The soup / was boiled.	[과거]
찌개는 / 끓었다.	The stew / was boiled.	[과거]
그 물은 / 3분 동안 끓을 것이다.	The water / will be boiled for 3 minutes.	[미래]

굽다 [베익] **bake** [beik]

Tom / baked the potatoes.	톰은 / 그 감자를 구웠다.	[과거]
He / baked it in the oven.	그는 / 오븐에서 그걸 구웠다.	[과거]
Jane / baked the pizza.	제인은 / 그 피자를 구웠다.	[과거]
She / baked the cookies.	그녀는 / 쿠키를 구웠다.	[과거]
톰은 / 그 감자를 구웠다.	Tom / baked the potatoes.	[과거]
그는 / 오븐에서 그걸 구웠다.	He / baked it in the oven.	[과거]
제인은 / 그 피자를 구웠다.	Jane / baked the pizza.	[과거]
그녀는 / 쿠키를 구웠다.	She / baked the cookies.	[과거]

fry는 '볶다'도 되고 '튀기다'도 됩니다.
그래서 계란이랑 치킨에 둘 다 프라이를 쓰죠.

구워지다 [비 베익ㅌ] be baked [bi beikt]

The potatoes / were baked by Tom.	감자는 / 톰이 구웠어.	[과거]
It / was baked in the oven.	그건 / 오븐에서 구워졌어.	[과거]
The pizza / was baked by Jane.	피자는 / 제인이 구웠어.	[과거]
They / were baked in the oven.	그것들은 / 오븐에서 구워졌어.	[과거]
감자는 / 톰이 구웠어.	The potatoes / were baked by Tom.	[과거]
그건 / 오븐에서 구워졌어.	It / was baked in the oven.	[과거]
피자는 / 제인이 구웠어.	The pizza / was baked by Jane.	[과거]
그것들은 / 오븐에서 구워졌어.	They / were baked in the oven.	[과거]

튀기다 [프라이] fry [frai]

Tim / fried the chicken.	팀은 / 치킨을 튀겼어.	[과거]
He / fried it for his family every Sunday.	그는 / 가족을 위해 일요일마다 그걸 튀겼어.	[과거]
Jane / fried the fish.	제인은 / 생선을 튀겼어.	[과거]
She / fried it for her sons every Monday.	그녀는 / 아들들을 위해 월요일마다 그걸 튀겼어.	[과거]
팀은 / 치킨을 튀겼어.	Tim / fried the chicken.	[과거]
그는 / 가족을 위해 일요일마다 그걸 튀겼어.	He / fried it for his family every Sunday.	[과거]
제인은 / 생선을 튀겼어.	Jane / fried the fish.	[과거]
그녀는 / 아들들을 위해 월요일마다 그걸 튀겼어.	She / fried it for her sons every Monday.	[과거]

'요리하다'도 cook, '요리사'도 cook입니다.

요리하다 [쿡] cook [kuk]

I / can cook the duck. 난 / 그 오리를 요리할 수 있어. [현재]

I / can cook it well. 난 / 그걸 잘 요리할 수 있어. [현재]

I / will cook the duck. 난 / 그 오리를 요리할 거야. [미래]

I / will cook the duck for dinner. 난 / 저녁식사를 위해 그 오리를 요리할 거야. [미래]

난 / 그 오리를 요리할 수 있어. I / can cook the duck. [현재]

난 / 그걸 잘 요리할 수 있어. I / can cook it well. [현재]

난 / 그 오리를 요리할 거야. I / will cook the duck. [미래]

난 / 저녁식사를 위해 그 오리를 요리할 거야. I / will cook the duck for dinner. [미래]

요리되다, 익다 [비 쿡ㅌ] be cooked [bi kukt]

The duck / is cooked. 그 오리는 / 요리된다. [현재]

The duck / must be cooked here. 그 오리는 / 여기서 요리되어야 한다. [현재]

The duck / can be cooked here. 그 오리는 / 여기서 요리할 수 있다. [현재]

The duck / shouldn't be cooked here. 그 오리는 / 여기서 요리하면 안 된다. [현재]

그 오리는 / 요리된다. The duck / is cooked. [현재]

그 오리는 / 여기서 요리되어야 한다. The duck / must be cooked here. [현재]

그 오리는 / 여기서 요리할 수 있다. The duck / can be cooked here. [현재]

그 오리는 / 여기서 요리하면 안 된다. The duck / shouldn't be cooked here. [현재]

wash the dishes는 '설거지하다'란 뜻입니다.

닦다, 세척하다 [워쉬] wash [waʃ]

I / **washed** the dishes.	난 / 접시를 닦았어.	[과거]
I / **didn't wash** the dishes.	난 / 접시를 닦지 않았어.	[과거]
I / **have washed** the dishes.	난 / 접시를 세척해 왔어.	[현재]
I / **haven't washed** the dishes.	난 / 접시를 세척해 오지 않았어.	[현재]
난 / 접시를 닦았어.	I / **washed** the dishes.	[과거]
난 / 접시를 닦지 않았어.	I / **didn't wash** the dishes.	[과거]
난 / 접시를 세척해 왔어.	I / **have washed** the dishes.	[현재]
난 / 접시를 세척해 오지 않았어.	I / **haven't washed** the dishes.	[현재]

세척되다 [비 워쉬ㅌ] be washed [bi waʃit]

The dishes / **are washed** in the machine.	그 식기는 / 기계에서 세척된다.	[현재]
The dishes / **were washed** in the machine.	그 식기는 / 기계에서 세척되었다.	[과거]
The dishes / **will be washed** in it.	그 식기는 / 그 안에서 세척될 거야.	[미래]
The dishes / **can be washed** in it.	그 식기는 / 그 안에서 세척될 수 있어.	[현재]
그 식기는 / 기계에서 세척된다.	The dishes / **are washed** in the machine.	[현재]
그 식기는 / 기계에서 세척되었다.	The dishes / **were washed** in the machine.	[과거]
그 식기는 / 그 안에서 세척될 거야.	The dishes / **will be washed** in it.	[미래]
그 식기는 / 그 안에서 세척될 수 있어.	The dishes / **can be washed** in it.	[현재]

'찐빵', '호빵' in English?! Oh, no!
Just say '찐빵', '호빵'!

찌다 [스팀] steam [sti:m]

I / have steamed the 찐빵.

I / have steamed the 호빵.

I / haven't steamed the 찐빵.

I / haven't steamed the 호빵.

난 / 찐빵을 쪄왔어.

난 / 호빵을 쪄왔어.

난 / 찐빵을 쪄오지 않았어.

난 / 호빵을 쪄오지 않았어.

난 / 찐빵을 쪄왔어. [현재]

난 / 호빵을 쪄왔어. [현재]

난 / 찐빵을 쪄오지 않았어. [현재]

난 / 호빵을 쪄오지 않았어. [현재]

I / have steamed the 찐빵. [현재]

I / have steamed the 호빵. [현재]

I / haven't steamed the 찐빵. [현재]

I / haven't steamed the 호빵. [현재]

쪄지다 [비 스팀ㄷ] be steamed [bi sti:md]

The 찐빵 / has been steamed.

The 호빵 / has been steamed.

The 찐빵 / hasn't been steamed.

The 호빵 / hasn't been steamed.

그 찐빵은 / 쪄지고 있었어.

그 호빵은 / 쪄지고 있었어.

그 찐빵은 / 쪄지지 않았어.

그 호빵은 / 쪄지지 않았어.

그 찐빵은 / 쪄지고 있었어. [현재]

그 호빵은 / 쪄지고 있었어. [현재]

그 찐빵은 / 쪄지지 않았어. [현재]

그 호빵은 / 쪄지지 않았어. [현재]

The 찐빵 / has been steamed. [현재]

The 호빵 / has been steamed. [현재]

The 찐빵 / hasn't been steamed. [현재]

The 호빵 / hasn't been steamed. [현재]

'마요네즈'는 mayo라고 줄여 말합니다.
발음에 주의하세요. '메이요-'에요.

적시다, 담그다 [쏘욱] soak [souk]

You / can soak the bread in the milk. 넌 / 우유에 그 빵을 적실 수 있어. [현재]

You / should soak the bread in the milk. 넌 / 우유에 그 빵을 적셔야 해. [현재]

You / can soak the fruit in Sprite. 넌 / 사이다에 그 과일을 담글 수 있어. [현재]

You / should soak the fruit in Sprite. 넌 / 사이다에 그 과일을 담가야 해. [현재]

넌 / 우유에 그 빵을 적실 수 있어. You / can soak the bread in the milk. [현재]

넌 / 우유에 그 빵을 적셔야 해. You / should soak the bread in the milk. [현재]

넌 / 사이다에 그 과일을 담글 수 있어. You / can soak the fruit in Sprite. [현재]

넌 / 사이다에 그 과일을 담가야 해. You / should soak the fruit in Sprite. [현재]

담그다, 찍다 [딥] dip [dip]

I / have dipped it in the sauce. 난 / 소스에 그걸 찍었어. [현재]

I / have dipped the chips in the sauce. 난 / 소스에 그 과자를 찍었어. [현재]

I / have dipped the fries in the ketchup. 난 / 케첩에 그 감자튀김을 찍었어. [현재]

I / have dipped the fries in the mayo. 난 / 마요네즈에 그 감자튀김을 찍었어. [현재]

난 / 소스에 그걸 찍었어. I / have dipped it in the sauce. [현재]

난 / 소스에 그 과자를 찍었어. I / have dipped the chips in the sauce. [현재]

난 / 케첩에 그 감자튀김을 찍었어. I / have dipped the fries in the ketchup. [현재]

난 / 마요네즈에 그 감자튀김을 찍었어. I / have dipped the fries in the mayo. [현재]

첨가하다, 더하다 [애ㄷ]　　add [æd]

I / have added some salt.	난 / 약간의 소금을 첨가했어.	[현재]
I / have added some sugar.	난 / 약간의 설탕을 첨가했어.	[현재]
I / have added some onions.	난 / 약간의 양파를 첨가했어.	[현재]
I / have added some spices.	난 / 약간의 양념을 첨가했어.	[현재]
난 / 약간의 소금을 첨가했어.	I / have added some salt.	[현재]
난 / 약간의 설탕을 첨가했어.	I / have added some sugar.	[현재]
난 / 약간의 양파를 첨가했어.	I / have added some onions.	[현재]
난 / 약간의 양념을 첨가했어.	I / have added some spices.	[현재]

첨가되다 [비 애딛]　　be added [bi ædid]

Some salt / has been added.	약간이 소금이 / 첨가되었어.	[현재]
Some sugar / has been added.	약간의 설탕이 / 첨가되었어.	[현재]
Some onions / have been added.	약간의 양파가 / 첨가되었어.	[현재]
Some spices / have been added.	약간의 양념이 / 첨가되었어.	[현재]
약간이 소금이 / 첨가되었어.	Some salt / has been added.	[현재]
약간의 설탕이 / 첨가되었어.	Some sugar / has been added.	[현재]
약간의 양파가 / 첨가되었어.	Some onions / have been added.	[현재]
약간의 양념이 / 첨가되었어.	Some spices / have been added.	[현재]

팔팔 끓이다, 삶다 [씨머] simmer [símər]

/ Simmer the water. / 물을 끓여라. [현재]

I / have simmered the water. 난 / 물을 끓여 왔어. [현재]

I / have simmered the soup. 난 / 수프를 끓여 왔어. [현재]

I / haven't simmered it yet. 난 / 아직 그것을 끓이지 않았어. [현재]

/ 물을 끓여라. / Simmer the water. [현재]

난 / 물을 끓여 왔어. I / have simmered the water. [현재]

난 / 수프를 끓여 왔어. I / have simmered the soup. [현재]

난 / 아직 그것을 끓이지 않았어. I / haven't simmered it yet. [현재]

팔팔 끓여지다 [비 씨머ㄷ] be simmered [bi síməred]

The water / is simmered. 그 물은 / 끓여진다. [현재]

The water / has been simmered. 그 물은 / 끓여져 왔어. [현재]

The soup / has been simmered. 그 수프는 / 끓여져 왔어. [현재]

The curry / has been simmered. 그 카레는 / 끓여져 왔어. [현재]

그 물은 / 끓여진다. The water / is simmered. [현재]

그 물은 / 끓여져 왔어. The water / has been simmered. [현재]

그 수프는 / 끓여져 왔어. The soup / has been simmered. [현재]

그 카레는 / 끓여져 왔어. The curry / has been simmered. [현재]

반드시 아래 예문들을 소리 내어 외치셔야 합니다.

젓다 [스터] stir [stəːr]

/ Stir the soup.
I / have stirred the soup.
I / have stirred the curry.
I / haven't stirred it yet.
/ 그 수프를 저어라.
난 / 그 수프를 저어 왔어.
난 / 그 카레를 저어 왔어.
난 / 아직 그걸 젓지 않았어.

/ 그 수프를 저어라. [현재]
난 / 그 수프를 저어 왔어. [현재]
난 / 그 카레를 저어 왔어. [현재]
난 / 아직 그걸 젓지 않았어. [현재]
/ Stir the soup. [현재]
I / have stirred the soup. [현재]
I / have stirred the curry. [현재]
I / haven't stirred it yet. [현재]

저어지다 [비 스터ㄷ] be stirred [bi stəːrd]

The soup / is stirred.
The soup / has been stirred.
The curry / has been stirred.
The curry / hasn't been stirred.
그 수프는 / 저어진다.
그 수프는 / 저어져 왔다.
그 카레는 / 저어져 왔다.
그 카레는 / 저어지지 않았다.

그 수프는 / 저어진다. [현재]
그 수프는 / 저어져 왔다. [현재]
그 카레는 / 저어져 왔다. [현재]
그 카레는 / 저어지지 않았다. [현재]
The soup / is stirred. [현재]
The soup / has been stirred. [현재]
The curry / has been stirred. [현재]
The curry / hasn't been stirred. [현재]

cool이 동사로도 쓰인다는 것, 예문을 통해 확인하세요.

식히다 [쿨] cool [ku:l]

I / will cool the water.

I / won't cool the water.

I / have cooled the water.

I / haven't cooled the water yet.

난 / 물을 식힐 거야.

난 / 물을 식히지 않을 거야.

난 / 물을 식혀 왔어.

난 / 아직 물을 식히지 않았어.

난 / 물을 식힐 거야.	[미래]
난 / 물을 식히지 않을 거야.	[미래]
난 / 물을 식혀 왔어.	[현재]
난 / 아직 물을 식히지 않았어.	[현재]
I / will cool the water.	[미래]
I / won't cool the water.	[미래]
I / have cooled the water.	[현재]
I / haven't cooled the water yet.	[현재]

식다 [비 쿨ㄷ] be cooled [bi ku:ld]

The water / is cooled.

The water / was cooled.

The water / has been cooled.

The water / hasn't been cooled yet.

그 물은 / 식는다.

그 물은 / 식었다.

그 물은 / 식어 왔다.

그 물은 / 아직 식지 않았다.

그 물은 / 식는다.	[현재]
그 물은 / 식었다.	[과거]
그 물은 / 식어 왔다.	[현재]
그 물은 / 아직 식지 않았다.	[현재]
The water / is cooled.	[현재]
The water / was cooled.	[과거]
The water / has been cooled.	[현재]
The water / hasn't been cooled yet.	[현재]

얇게 썰다 [슬라이스] **slice** [slais]

/ Slice it and put it in the water.
/ Slice it and put it in the soda.
/ Slice it and soak it in the juice.
/ Slice it and bake it in the oven.
/ 그걸 얇게 썰어 물에 넣어라.
/ 그걸 얇게 썰어 청량음료에 넣어라.
/ 그걸 얇게 썰어 주스에 담가라.
/ 그걸 얇게 썰어 오븐에 구워라.

/ 그걸 얇게 썰어 물에 넣어라. [현재]
/ 그걸 얇게 썰어 청량음료에 넣어라. [현재]
/ 그걸 얇게 썰어 주스에 담가라. [현재]
/ 그걸 얇게 썰어 오븐에 구워라. [현재]
/ Slice it and put it in the water. [현재]
/ Slice it and put it in the soda. [현재]
/ Slice it and soak it in the juice. [현재]
/ Slice it and bake it in the oven. [현재]

뿌리다 [스프링클] **sprinkle** [spríŋkl]

/ Sprinkle some sugar on it.
/ Sprinkle some water on it.
/ Sprinkle some sauce on it.
/ Sprinkle some pepper on it.
/ 그 위에 약간의 설탕을 뿌려라.
/ 그 위에 약간의 물을 뿌려라.
/ 그 위에 약간의 소스를 뿌려라.
/ 그 위에 약간의 후추를 뿌려라.

/ 그 위에 약간의 설탕을 뿌려라. [현재]
/ 그 위에 약간의 물을 뿌려라. [현재]
/ 그 위에 약간의 소스를 뿌려라. [현재]
/ 그 위에 약간의 후추를 뿌려라. [현재]
/ Sprinkle some sugar on it. [현재]
/ Sprinkle some water on it. [현재]
/ Sprinkle some sauce on it. [현재]
/ Sprinkle some pepper on it. [현재]

지금 자면 꿈을 꿀 수 있지만 안 자면 꿈을 이룰 수 있다.
- 가수 비를 만든 명언

뒤집다 [플립] flip [flip]

/ Flip it now.
/ Flip it after 2 minutes.
/ Flip it when this is brown.
/ Flip it when this is yellow.
/ 지금 그걸 뒤집어라.
/ 2분 후에 그걸 뒤집어라.
/ 이것이 갈색이 되면 그걸 뒤집어라.
/ 이것이 노란색이 되면 그걸 뒤집어라.

/ 지금 그걸 뒤집어라. [현재]
/ 2분 후에 그걸 뒤집어라. [현재]
/ 이것이 갈색이 되면 그걸 뒤집어라. [현재]
/ 이것이 노란색이 되면 그걸 뒤집어라. [현재]
/ Flip it now. [현재]
/ Flip it after 2 minutes. [현재]
/ Flip it when this is brown. [현재]
/ Flip it when this is yellow. [현재]

으깨다 [크뤄쉬] crush [krʌʃ]

/ Crush the potatoes.
You / must crush the potatoes.
I / have crushed the potatoes.
I / have crushed the system.
/ 감자를 으깨라.
넌 / 감자를 으깨야 해.
난 / 감자를 으깨어 왔어.
난 / 그 시스템을 깼어.

/ 감자를 으깨라. [현재]
넌 / 감자를 으깨야 해. [현재]
난 / 감자를 으깨어 왔어. [현재]
난 / 그 시스템을 깼어. [현재]
/ Crush the potatoes. [현재]
You / must crush the potatoes. [현재]
I / have crushed the potatoes. [현재]
I / have crushed the system. [현재]

예열하다 [프뤼힛] preheat [pri:hí:t]

/ Preheat it.

You / must preheat it.

You / must preheat the pan.

You / must preheat the oven.

/ 그걸 예열해라.

넌 / 그걸 예열해야 해.

넌 / 그 팬을 예열해야만 해.

/ 오븐을 예열해야 해.

/ 그걸 예열해라. [현재]

넌 / 그걸 예열해야 해. [현재]

넌 / 그 팬을 예열해야만 해. [현재]

/ 오븐을 예열해야 해. [현재]

/ Preheat it. [현재]

You / must preheat it. [현재]

You / must preheat the pan. [현재]

You / must preheat the oven. [현재]

바르다 [스프뤳] spread [spred]

/ Spread it on the bread.

/ Spread it on the potatoes.

/ Spread some butter on the bread.

/ Spread some mayo on the bread.

/ 빵 위에 그걸 발라라.

/ 감자 위에 그걸 발라라.

/ 빵 위에 약간의 버터를 발라라.

/ 빵 위에 약간의 마요네즈를 발라라.

/ 빵 위에 그걸 발라라. [현재]

/ 감자 위에 그걸 발라라. [현재]

/ 빵 위에 약간의 버터를 발라라. [현재]

/ 빵 위에 약간의 마요네즈를 발라라. [현재]

/ Spread it on the bread. [현재]

/ Spread it on the potatoes. [현재]

/ Spread some butter on the bread. [현재]

/ Spread some mayo on the bread. [현재]

Chapter

08

상태 · 기분 표현하기 3단계

최고의 결과를, 최단기간 안에 얻을 수 있도록

한동안 자꾸 집중력이 떨어져 걱정을 하고 있는데, 시원스쿨 차이나의 유지현 선생님께서 이런 말씀을 하시더군요.
"지금 선생님께서 가진 목표가 아주 구체적이고 또렷하지 않은 건 아닌가요?"

저는 '아차' 싶었습니다. '내가 구체적인 목표도 없이 허둥지둥 바쁘기만 하다 보니 지금처럼 사람이 흐리멍텅해졌구나' 하는 걸 깨달은 거죠. 화살을 쏠 때 과녁을 뚫어져라 바라봐야 정확하게 쏠 수 있는 것인데, 과녁을 보는 둥 마는 둥 하고 쏜다면 화살이 과녁에 제대로 맞을 리 없죠. 그나마 과녁도 없이 쏜다면 그저 화살만 아까울 뿐이고요.

그래서 지난 며칠간 제 목표가 무엇인지 곰곰이 고민해 보았습니다. 그리고 그 결론은 **"대한민국에서 '이시원' 하면 가장 확실하고, 환상적이고, 효율적인 강의를 하는 사람", "대한민국에서 가장 확실하고, 효율적인 교육 사이트를 만들고, 운영하는 사람. 절대가치를 선사하는 사람"**이 되는 것입니다.

계획이 확실히 나오니까 요즘 집중이 다시 되기 시작하는 것 같습니다. 정말 누가 와도 최고의 결과를, 최단기간 안에 얻을 수 있도록 시원스쿨을 만들어 나가려고 합니다. Have a wonderful day~

드디어 마지막 과입니다.
여기까지 오시느라 정말 수고 많으셨습니다.

기쁘다 [비 플리즈ㄷ] be pleased [bi pli:zd]

I / am pleased.

I / was pleased.

I / am pleased by your performance.

I / was pleased by your performance.

난 / 기뻐.

난 / 기뻤어.

난 / 너의 공연에 흡족해.

난 / 너의 공연에 흡족했어.

난 / 기뻐.	[현재]
난 / 기뻤어.	[과거]
난 / 너의 공연에 흡족해.	[현재]
난 / 너의 공연에 흡족했어.	[과거]
I / am pleased.	[현재]
I / was pleased.	[과거]
I / am pleased by your performance.	[현재]
I / was pleased by your performance.	[과거]

불쾌하다 [비 언플레즌ㅌ] be unpleasant [bi ʌnplézənt]

I / am unpleasant.

I / was unpleasant.

I / was unpleasant in the room.

He / was unpleasant in Japan.

난 / 불쾌해.

난 / 불쾌했어.

난 / 방 안에서 불쾌했어.

그는 / 일본에서 불쾌했어.

난 / 불쾌해.	[현재]
난 / 불쾌했어.	[과거]
난 / 방 안에서 불쾌했어.	[과거]
그는 / 일본에서 불쾌했어.	[과거]
I / am unpleasant.	[현재]
I / was unpleasant.	[과거]
I / was unpleasant in the room.	[과거]
He / was unpleasant in Japan.	[과거]

He is dangerous.는 한마디로 '위험한 놈'이라는 뜻이죠. '위험에 처해 있다'고 하려면 He is in danger.예요.

안전하다 [비 쎄잎] be safe [bi seif]

This / is safe.
This / was safe.
This / will be safe.
This / cannot be safe.
이건 / 안전해.
이건 / 안전했어.
이건 / 안전할 거야.
이건 / 안전할 리가 없어.

이건 / 안전해. [현재]
이건 / 안전했어. [과거]
이건 / 안전할 거야. [미래]
이건 / 안전할 리가 없어. [현재]
This / is safe. [현재]
This / was safe. [과거]
This / will be safe. [미래]
This / cannot be safe. [현재]

위험하다 [비 데인줘뤄ㅅ] be dangerous [bi déindʒərəs]

He / is dangerous.
He / was dangerous.
He / will be dangerous in the future.
He / can be dangerous in the future.
그는 / 위험해.
그는 / 위험했어.
그는 / 미래에 위험할 거야.
그는 / 미래에 위험할 수 있어.

그는 / 위험해. [현재]
그는 / 위험했어. [과거]
그는 / 미래에 위험할 거야. [미래]
그는 / 미래에 위험할 수 있어. [현재]
He / is dangerous. [현재]
He / was dangerous. [과거]
He / will be dangerous in the future. [미래]
He / can be dangerous in the future. [현재]

월드컵을 개최한 국민으로서 be hosted 정도는 익혀 둡시다!

치료 가능하다 be curable

[비 큐어뤄블] [bi kjú(:)ərəbl]

This / is curable.	이건 / 치료 가능해.	[현재]
This / is not curable.	이건 / 치료 가능하지 않아.	[현재]
This / was curable.	이건 / 치료 가능했어.	[과거]
This / was not curable.	이건 / 치료가 가능하지 않았어.	[과거]
이건 / 치료 가능해.	This / is curable.	[현재]
이건 / 치료 가능하지 않아.	This / is not curable.	[현재]
이건 / 치료 가능했어.	This / was curable.	[과거]
이건 / 치료가 가능하지 않았어.	This / was not curable.	[과거]

개최되다 be hosted

[비 호스팃] [bi houstid]

The show / is hosted in Korea.	그 쇼는 / 한국에서 개최된다.	[현재]
The show / was hosted in Korea.	그 쇼는 / 한국에서 개최되었다.	[과거]
The World Cup / was hosted in Korea.	월드컵은 / 한국에서 개최되었다.	[과거]
The World Cup / will be hosted in South Africa in 2010.	월드컵은 / 2010년에 남아프리카공화국에서 개최될 것이다.	[미래]
그 쇼는 / 한국에서 개최된다.	The show / is hosted in Korea.	[현재]
그 쇼는 / 한국에서 개최되었다.	The show / was hosted in Korea.	[과거]
월드컵은 / 한국에서 개최되었다.	The World Cup / was hosted in Korea.	[과거]
월드컵은 / 2010년에 남아프리카공화국에서 개최될 것이다.	The World Cup / will be hosted in South Africa in 2010.	[미래]

주로 리더의 입장에서 my, 일원으로서는 our를
사용합니다만 큰 차이는 없어요.

창의성이 뛰어나다, 창의적이다 be creative

[비 크뤼에이립] [bi kriéitiv]

My team / is creative. 내 팀은 / 창의성이 뛰어나다. [현재]

My team / should be creative. 내 팀은 / 창의성이 뛰어나야 한다. [현재]

My team / has been creative. 내 팀은 / 창의성이 뛰어났다. [현재]

My team / hasn't been creative. 내 팀은 / 창의성이 뛰어나지 않았다. [현재]

내 팀은 / 창의성이 뛰어나다. My team / is creative. [현재]

내 팀은 / 창의성이 뛰어나야 한다. My team / should be creative. [현재]

내 팀은 / 창의성이 뛰어났다. My team / has been creative. [현재]

내 팀은 / 창의성이 뛰어나지 않았다. My team / hasn't been creative. [현재]

혁신적이다 be innovative

[비 이노베이팁] [bi ínəveitiv]

Our organization / is innovative. 우리 조직은 / 혁신적이다. [현재]

We / should be innovative. 우리는 / 혁신적이어야 한다. [현재]

We / have been innovative. 우리는 / 혁신적이어 왔다. [현재]

We / haven't been innovative. 우리는 / 혁신적이지 않았다. [현재]

우리 조직은 / 혁신적이다. Our organization / is innovative. [현재]

우리는 / 혁신적이어야 한다. We / should be innovative. [현재]

우리는 / 혁신적이어 왔다. We / have been innovative. [현재]

우리는 / 혁신적이지 않았다. We / haven't been innovative. [현재]

be challenging은 한마디로 '어렵다'는 뜻이에요.

용기를 주다 be encouraging

[비 인커뤼징] [bi inkə́:ridʒiŋ]

He / is very encouraging.

He / was very encouraging.

He / has been encouraging.

He / has been encouraging to me.

그는 / 많은 용기를 준다.

그는 / 많은 용기를 주었다.

그는 / 용기를 주어 왔다.

그는 / 나에게 용기를 주어 왔다.

그는 / 많은 용기를 준다. [현재]

그는 / 많은 용기를 주었다. [과거]

그는 / 용기를 주어 왔다. [현재]

그는 / 나에게 용기를 주어 왔다. [현재]

He / is very encouraging. [현재]

He / was very encouraging. [과거]

He / has been encouraging. [현재]

He / has been encouraging to me. [현재]

도전을 주다, 도전적이다 be challenging

[비 챌린징] [bi tʃǽlindʒiŋ]

This / is challenging.

This project / is challenging.

This project / is quite challenging.

He / is challenging.

이건 / 도전을 준다.

이 프로젝트는 / 도전을 준다.

이 프로젝트는 / 큰 도전을 준다.

그는 / 도전적이다.

이건 / 도전을 준다. [현재]

이 프로젝트는 / 도전을 준다. [현재]

이 프로젝트는 / 큰 도전을 준다. [현재]

그는 / 도전적이다. [현재]

This / is challenging. [현재]

This project / is challenging. [현재]

This project / is quite challenging. [현재]

He / is challenging. [현재]

10분 뒤와 10년 후를 동시에 생각하라. - 피터 드러커

정확하다 [비 애큐릿] / be accurate [bi ǽkjərit]

This / is accurate.

This / isn't accurate.

The numbers / are accurate.

The statistics / are accurate.

이건 / 정확하다.

이건 / 정확하지 않다.

그 숫자는 / 정확하다.

그 통계는 / 정확하다.

이건 / 정확하다.		[현재]
이건 / 정확하지 않다.		[현재]
그 숫자는 / 정확하다.		[현재]
그 통계는 / 정확하다.		[현재]
This / is accurate.		[현재]
This / isn't accurate.		[현재]
The numbers / are accurate.		[현재]
The statistics / are accurate.		[현재]

시간을 잘 지키다 [비 펑츄얼] / be punctual [bi pʌ́ŋktʃuəl]

I / am punctual.

He / is not punctual.

She / is not punctual.

We / should be punctual.

난 / 시간을 잘 지켜.

그는 / 시간을 잘 지키지 않아.

그녀는 / 시간을 잘 지키지 않아.

우리는 / 시간을 잘 지켜야 해.

난 / 시간을 잘 지켜.		[현재]
그는 / 시간을 잘 지키지 않아.		[현재]
그녀는 / 시간을 잘 지키지 않아.		[현재]
우리는 / 시간을 잘 지켜야 해.		[현재]
I / am punctual.		[현재]
He / is not punctual.		[현재]
She / is not punctual.		[현재]
We / should be punctual.		[현재]

이런 말 많이 하죠? "너 자신한테 솔직해져."
영어론 Be honest with yourself!라고 합니다.

정직하다 [비 어니스트] be honest [bi ɔ́nist]

My son / is honest.
My son / isn't honest.
I / think my son is honest.
I / thought my son was honest.
내 아들은 / 정직해.
내 아들은 / 정직하지 않아.
난 / 내 아들이 정직하다고 생각해.
난 / 내 아들이 정직하다고 생각했어.

내 아들은 / 정직해. [현재]
내 아들은 / 정직하지 않아. [현재]
난 / 내 아들이 정직하다고 생각해. [현재]
난 / 내 아들이 정직하다고 생각했어. [과거]
My son / is honest. [현재]
My son / isn't honest. [현재]
I / think my son is honest. [현재]
I / thought my son was honest. [과거]

부정직하다 [비 디스어니스트] be dishonest [bi disɔ́nist]

My friend / is dishonest.
My friend / isn't dishonest.
I / think he is dishonest with me.
I / thought he was dishonest with me.
내 친구는 / 부정직해.
내 친구는 / 부정직하지 않아.
난 / 그가 나에게 부정직하다고 생각해.
난 / 그가 나에게 부정직했다고 생각했어.

내 친구는 / 부정직해. [현재]
내 친구는 / 부정직하지 않아. [현재]
난 / 그가 나에게 부정직하다고 생각해. [현재]
난 / 그가 나에게 부정직했다고 생각했어. [과거]
My friend / is dishonest. [현재]
My friend / isn't dishonest. [현재]
I / think he is dishonest with me. [현재]
I / thought he was dishonest with me.[과거]

남자한테 She is, 여자한테 He is 하시는 분들 의외로 많아요.
내 입으로 많이 안 해봐서 그래요.

친절하다 [비 카인ㄷ] be kind [bi kaind]

Some Koreans / are kind.

Some Koreans / are not kind.

Other Koreans / are kind.

Other Koreans / are not kind.

몇몇 한국인은 / 친절해.

몇몇 한국인은 / 친절하지 않아.

다른 한국인들은 / 친절해.

다른 한국인들은 / 친절하지 않아.

몇몇 한국인은 / 친절해. [현재]

몇몇 한국인은 / 친절하지 않아. [현재]

다른 한국인들은 / 친절해. [현재]

다른 한국인들은 / 친절하지 않아. [현재]

Some Koreans / are kind. [현재]

Some Koreans / are not kind. [현재]

Other Koreans / are kind. [현재]

Other Koreans / are not kind. [현재]

긍정적이다 [비 파지리ㅂ] be positive [bi pázitiv]

He / is positive.

She / is positive.

They / are positive.

We / are positive.

그는 / 긍정적이야.

그녀는 / 긍정적이야.

그들은 / 긍정적이야.

우리는 / 긍정적이야.

그는 / 긍정적이야. [현재]

그녀는 / 긍정적이야. [현재]

그들은 / 긍정적이야. [현재]

우리는 / 긍정적이야. [현재]

He / is positive. [현재]

She / is positive. [현재]

They / are positive. [현재]

We / are positive. [현재]

부정적이다 be negative

[비 네거리ㅂ] [bi négətiv]

This article / is negative.	이 기사는 / 부정적이야.	[현재]
This article / is negative about 4대강.	이 기사는 / 4대강에 부정적이야.	[현재]
I / was negative about 4대강.	난 / 4대강에 부정적이었어.	[과거]
People / were negative about 4대강.	사람들은 / 4대강에 부정적이었어.	[과거]
이 기사는 / 부정적이야.	This article / is negative.	[현재]
이 기사는 / 4대강에 부정적이야.	This article / is negative about 4대강.	[현재]
난 / 4대강에 부정적이었어.	I / was negative about 4대강.	[과거]
사람들은 / 4대강에 부정적이었어.	People / were negative about 4대강.	[과거]

활기 넘치다 be energetic

[비 에너제릭] [bi ènərdʒétik]

My son / is energetic.	내 아들은 / 활기 넘쳐.	[현재]
My son / is always energetic.	내 아들은 / 항상 활기 넘쳐.	[현재]
My daughter / is always energetic.	내 딸은 / 항상 활기 넘쳐.	[현재]
My nephew / is always energetic.	내 조카는 / 항상 활기 넘쳐.	[현재]
내 아들은 / 활기 넘쳐.	My son / is energetic.	[현재]
내 아들은 / 항상 활기 넘쳐.	My son / is always energetic.	[현재]
내 딸은 / 항상 활기 넘쳐.	My daughter / is always energetic.	[현재]
내 조카는 / 항상 활기 넘쳐.	My nephew / is always energetic.	[현재]

I'm serious. 하면 '농담 아냐.', '진지하게 하는 말이야.' 이런 뜻이에요.

심각하다, 진지하다 be serious

[비 씨뤼어ㅅ] [bi sí(ː)əriəs]

My father / is serious. 내 아버지는 / 심각하셔. [현재]

My father / is sometimes serious. 내 아버지는 / 가끔 심각하셔. [현재]

My father / is serious about this. 내 아버지는 / 이것에 대해선 진지하셔. [현재]

My father / is always serious. 내 아버지는 / 항상 진지하셔. [현재]

내 아버지는 / 심각하셔. My father / is serious. [현재]

내 아버지는 / 가끔 심각하셔. My father / is sometimes serious. [현재]

내 아버지는 / 이것에 대해선 진지하셔. My father / is serious about this. [현재]

내 아버지는 / 항상 진지하셔. My father / is always serious. [현재]

겸손하다 be humble

[비 험블] [bi hʌ́mbl]

They / are humble. 그들은 / 겸손해. [현재]

They / are not humble. 그들은 / 겸손하지 않아. [현재]

We / should be humble. 우리는 / 겸손해야 해. [현재]

We / should be humble sometimes. 우리는 / 때때로 겸손해야 해. [현재]

그들은 / 겸손해. They / are humble. [현재]

그들은 / 겸손하지 않아. They / are not humble. [현재]

우리는 / 겸손해야 해. We / should be humble. [현재]

우리는 / 때때로 겸손해야 해. We / should be humble sometimes. [현재]

설명이 많은 영어책은 여러분이 할 공부를 빼앗아가는 공부 도둑입니다.

거만하다 be arrogant

[비 애뤄건ㅌ] [bi ǽrəgənt]

They / are arrogant.

He / is arrogant.

He / was really arrogant.

He / wasn't that arrogant.

그들은 / 거만해.

그는 / 거만해.

그는 / 정말 거만했어.

그는 / 그렇게 거만하지 않았어.

그들은 / 거만해.	They / are arrogant.	[현재]
그는 / 거만해.	He / is arrogant.	[현재]
그는 / 정말 거만했어.	He / was really arrogant.	[과거]
그는 / 그렇게 거만하지 않았어.	He / wasn't that arrogant.	[과거]

경쟁심이 있다 be competitive

[비 컴페러티ㅂ] [bi kəmpétitiv]

MJ / is competitive.

MJ / is really competitive.

MJ / was competitive.

MJ / wasn't that competitive.

MJ는 / 경쟁심이 있어.

MJ는 / 정말 경쟁심이 있어.

MJ는 / 경쟁심이 있었어.

MJ는 / 그렇게 경쟁심 없었어.

MJ는 / 경쟁심이 있어.	MJ / is competitive.	[현재]
MJ는 / 정말 경쟁심이 있어.	MJ / is really competitive.	[현재]
MJ는 / 경쟁심이 있었어.	MJ / was competitive.	[과거]
MJ는 / 그렇게 경쟁심 없었어.	MJ / wasn't that competitive.	[과거]

'열정'은 모든 성공에 가장 중요한 키워드입니다.

열정적이다 [비 패셔닛]

be passionate [bi pǽʃənit]

Our team / is passionate.	우리 팀은 / 열정적이야.	[현재]
Our team / is passionate about this game.	우리 팀은 / 이 게임에 열정적이야.	[현재]
Our team / is absolutely passionate.	우리 팀은 / 완전 열정적이야.	[현재]
Our team / isn't so passionate.	우리 팀은 / 많이 열정적이지 않아.	[현재]
우리 팀은 / 열정적이야.	Our team / is passionate.	[현재]
우리 팀은 / 이 게임에 열정적이야.	Our team / is passionate about this game.	[현재]
우리 팀은 / 완전 열정적이야.	Our team / is absolutely passionate.	[현재]
우리 팀은 / 많이 열정적이지 않아.	Our team / isn't so passionate.	[현재]

융통성 없다 [비 스팊]

be stiff [bi stif]

That old man / was stiff.	저 노인은 / 융통성이 없었어.	[과거]
That old man / was definitely stiff.	저 노인은 / 확실히 융통성이 없었어.	[과거]
That old man / will be stiff.	저 노인은 / 융통성이 없을 거야.	[미래]
That old man / will probably be stiff.	저 노인은 / 아마 융통성이 없을 거야.	[미래]
저 노인은 / 융통성이 없었어.	That old man / was stiff.	[과거]
저 노인은 / 확실히 융통성이 없었어.	That old man / was definitely stiff.	[과거]
저 노인은 / 융통성이 없을 거야.	That old man / will be stiff.	[미래]
저 노인은 / 아마 융통성이 없을 거야.	That old man / will probably be stiff.	[미래]

믿을 만하다 be trustworthy

[비 트뤄슷워디] [bi trʌstwə́:rði]

He / is trustworthy.

He / isn't trustworthy.

He / isn't that trustworthy.

He / should be trustworthy.

그는 / 믿을 만해.

그는 / 믿을 만하지 않아.

그는 / 그렇게 믿을 만하지 않아.

그는 / 믿을 만해야 해.

그는 / 믿을 만해. [현재]

그는 / 믿을 만하지 않아. [현재]

그는 / 그렇게 믿을 만하지 않아. [현재]

그는 / 믿을 만해야 해. [현재]

He / is trustworthy. [현재]

He / isn't trustworthy. [현재]

He / isn't that trustworthy. [현재]

He / should be trustworthy. [현재]

예견되다 be expected

[비 익스펙팃] [bi ikspéktid]

A good outcome / is expected.

A good outcome / was expected.

The problems / are expected.

The problems / were expected.

좋은 결과가 / 예견된다.

좋은 결과가 / 예견되었다.

그 문제들은 / 예견된다.

그 문제들은 / 예견되었다.

좋은 결과가 / 예견된다. [현재]

좋은 결과가 / 예견되었다. [과거]

그 문제들은 / 예견된다. [현재]

그 문제들은 / 예견되었다. [과거]

A good outcome / is expected. [현재]

A good outcome / was expected. [과거]

The problems / are expected. [현재]

The problems / were expected. [과거]

생각하는 대로 살지 못하면 사는 대로 생각하게 된다.
-폴 발레리

목표중심적이다 be goal oriented

[비 고울오뤼엔팃] [bi goul-ɔ́:riəntid]

I / am goal oriented.	난 / 목표중심적이야.	[현재]
He / is goal oriented.	그는 / 목표중심적이야.	[현재]
We / are goal oriented.	우린 / 목표중심적이야.	[현재]
이시원 / is goal oriented.	이시원은 / 목표중심적이야.	[현재]
난 / 목표중심적이야.	I / am goal oriented.	[현재]
그는 / 목표중심적이야.	He / is goal oriented.	[현재]
우린 / 목표중심적이야.	We / are goal oriented.	[현재]
이시원은 / 목표중심적이야.	이시원 / is goal oriented.	[현재]

실망하다 be disappointed

[비 디써포인팃] [bi dìsəpɔ́intid]

My mom / was disappointed.	엄마는 / 실망했어.	[과거]
My mom / was disappointed with my report card.	엄마는 / 내 성적표에 실망했어.	[과거]
My father / wasn't disappointed.	아버지는 / 실망하지 않았어.	[과거]
My father / wasn't disappointed at anything.	아버지는 / 어떤 것에도 실망하지 않았어.	[과거]
엄마는 / 실망했어.	My mom / was disappointed.	[과거]
엄마는 / 내 성적표에 실망했어.	My mom / was disappointed with my report card.	[과거]
아버지는 / 실망하지 않았어.	My father / wasn't disappointed.	[과거]
아버지는 / 어떤 것에도 실망하지 않았어.	My father / wasn't disappointed at anything.	[과거]

언제, 어디서 태어났는지 민증 까기 전에 아래 문장부터!

슬프다 [비 쌔드] be sad [bi sæd]

I / was sad.
I / was sad to leave.
I / was sad to go home.
He / was sad to leave.
난 / 슬펐어.
난 / 떠나는 게 슬펐어.
난 / 집에 가는 게 슬펐어.
그는 / 떠나는 게 슬펐어.

난 / 슬펐어. [과거]
난 / 떠나는 게 슬펐어. [과거]
난 / 집에 가는 게 슬펐어. [과거]
그는 / 떠나는 게 슬펐어. [과거]
I / was sad. [과거]
I / was sad to leave. [과거]
I / was sad to go home. [과거]
He / was sad to leave. [과거]

태어나다 [비 본] be born [bi bɔːrn]

I / was born in 1999.
I / was born in Korea.
My mother / was born in 1960.
She / was born in 충남.
난 / 1999년에 태어났어.
난 / 한국에서 태어났어.
내 엄마는 / 1960년에 태어났어.
그녀는 / 충남에서 태어났어.

난 / 1999년에 태어났어. [과거]
난 / 한국에서 태어났어. [과거]
내 엄마는 / 1960년에 태어났어. [과거]
그녀는 / 충남에서 태어났어. [과거]
I / was born in 1999. [과거]
I / was born in Korea. [과거]
My mother / was born in 1960. [과거]
She / was born in 충남. [과거]

아래 예문은 그냥 인사표현으로 외워 버리세요.

영광이다 be honored

[비 아너ㄷ] [bi ánərd]

I / am honored to see you.	/ 당신을 보게 되어서 영광입니다. [현재]
I / am honored to meet you.	/ 당신을 만나게 되어서 영광입니다. [현재]
I / am honored to have you here.	/ 당신을 여기 모시게 되어서 영광입니다. [현재]
I / am honored to work with you.	/ 당신과 함께 일하게 되어서 영광입니다. [현재]
/ 당신을 보게 되어서 영광입니다.	I / am honored to see you. [현재]
/ 당신을 만나게 되어서 영광입니다.	I / am honored to meet you. [현재]
/ 당신을 여기 모시게 되어서 영광입니다.	I / am honored to have you here. [현재]
/ 당신과 함께 일하게 되어서 영광입니다.	I / am honored to work with you. [현재]

믿을 만하다 be authentic

[비 어쎈틱] [bi ɔ:θéntik]

Is / this really authentic?	이거 / 정말 믿을 만하니? [현재]
I / think this is authentic.	난 / 이것이 믿을 만하다고 생각해. [현재]
I / don't think this is authentic.	난 / 이것이 믿을 만하다고 생각하지 않아. [현재]
I / think this was authentic before.	난 / 전엔 이것이 믿을 만했다고 생각해. [현재]
이거 / 정말 믿을 만하니?	Is / this really authentic? [현재]
난 / 이것이 믿을 만하다고 생각해.	I / think this is authentic. [현재]
난 / 이것이 믿을 만하다고 생각하지 않아.	I / don't think this is authentic. [현재]
난 / 전엔 이것이 믿을 만했다고 생각해.	I / think this was authentic before. [현재]

읽기 어렵다 be hard to read

[비 하투 뤼ㄷ] [bi haːrd tuː riːd]

This book / is hard to read. 이 책은 / 읽기 어려워. [현재]

This article / is hard to read. 이 기사는 / 읽기 어려워. [현재]

This book / isn't hard to read. 이 책은 / 읽기 어렵지 않아. [현재]

This article / isn't hard to read. 이 기사는 / 읽기 어렵지 않아. [현재]

이 책은 / 읽기 어려워. This book / is hard to read. [현재]

이 기사는 / 읽기 어려워. This article / is hard to read. [현재]

이 책은 / 읽기 어렵지 않아. This book / isn't hard to read. [현재]

이 기사는 / 읽기 어렵지 않아. This article / isn't hard to read. [현재]

인정하기 어렵다 be hard to accept

[비 하투 억쎕ㅌ] [bi haːrd tuː əksépt]

This / is hard to accept. 이건 / 인정하기 어려워. [현재]

Your suggestion / is hard to accept. 너의 제안은 / 인정하기 어려워. [현재]

Your suggestion / was hard to accept. 너의 제안은 / 인정하기 어려웠어. [과거]

Suggested money / was hard to accept. 제안된 돈은 / 인정하기 어려웠어. [과거]

이건 / 인정하기 어려워. This / is hard to accept. [현재]

너의 제안은 / 인정하기 어려워. Your suggestion / is hard to accept. [현재]

너의 제안은 / 인정하기 어려웠어. Your suggestion / was hard to accept. [과거]

제안된 돈은 / 인정하기 어려웠어. Suggested money / was hard to accept. [과거]

유치원생들이 한글 공부하듯이 매일
조금씩이라도 꼬박꼬박!

수상한 것 같다 / look suspicious

[룩 써스피셔ㅅ] [luk səspíʃəs]

He / looked suspicious.
He / didn't look suspicious.
She / looked somewhat suspicious.
They / looked somewhat suspicious.
걔는 / 수상해 보였어.
걔는 / 수상해 보이지 않았어.
그녀는 / 좀 수상해 보였어.
그들은 / 좀 수상해 보였어.

걔는 / 수상해 보였어. [과거]
걔는 / 수상해 보이지 않았어. [과거]
그녀는 / 좀 수상해 보였어. [과거]
그들은 / 좀 수상해 보였어. [과거]
He / looked suspicious. [과거]
He / didn't look suspicious. [과거]
She / looked somewhat suspicious. [과거]
They / looked somewhat suspicious. [과거]

너무 큰 것 같다 / seem too big

[씸 투 빅] [siːm tuː big]

Your shirt / seems too big for you.
This room / seemed too big for us.
This paper / seems too big for me.
This phone / seems too big for her.
네 셔츠는 / 너한테 너무 큰 것 같아.
이 방은 / 우리한테 너무 큰 것 같아.
이 종이는 / 나한테 너무 큰 것 같아.
이 전화는 / 걔한테 너무 큰 것 같아.

네 셔츠는 / 너한테 너무 큰 것 같아. [현재]
이 방은 / 우리한테 너무 큰 것 같아. [과거]
이 종이는 / 나한테 너무 큰 것 같아. [현재]
이 전화는 / 걔한테 너무 큰 것 같아. [현재]
Your shirt / seems too big for you. [현재]
This room / seemed too big for us. [과거]
This paper / seems too big for me. [현재]
This phone / seems too big for her. [현재]

Index

E

F

G

H

T

U

V

W